The Two Kinds of Faith

by E. W. KENYON

The Two Kinds of Faith
by E.W. KENYON

ⓒ 1998
KENYON'S GOSPEL PUBLISHING SOCIETY, INC.
Printed in U.S.A.

2016 / Korean by Word of Faith Company, Korea.
Translated and published by permission
Printed in Korea.

두 가지 믿음

발행일 2016. 11. 28 1판 1쇄 발행
　　　　2025. 7. 17 1판 2쇄 발행

지은이　E.W. 케년
옮긴이　조슈아
발행인　최순애
발행처　믿음의 말씀사
2000. 8. 14 등록 제 68호
우)18365 경기도 화성시 만년로 915번길 27 B동
Tel. 031) 8005-5483 Fax. 031) 8005-5485
http://faithbook.kr

ISBN 89-94901-70-1 03230
값 11,000원

성경구절은 개역개정판을 기준으로 삼음.
본 저작물의 저작권은 '믿음의 말씀사'가 소유합니다.
저작권법에 의해 보호를 받는 저작물이므로 무단 전재와 복제를 금합니다.

마침내 드러난 믿음의 비밀

두 가지 믿음

E. W. 케년 지음 | 조슈아 옮김

믿음의말씀사

목차

T. L. & 데이지 오스본의 편지 _ 7

사례 _ 14

1장 믿음의 기반 _ 17

2장 믿음이란 _ 22

3장 믿음의 종류 _ 26

4장 믿음의 상태들 _ 39

5장 계시 믿음 _ 47

6장 믿음의 적들 _ 58

7장 자신의 믿음에 대한 믿음 _ 64

8장 일치하는 행동 _ 73

9장 마음으로 믿어 _ 79

10장 말씀에 근거한 행동 _ 91

11장 우리에게 속한 것들 _ 99

12장 믿음의 방해물 _ 108

13장 기도 _ 126

14장 우리가 믿어야 할 것들 _ 140

15장 받는 것이지 버리는 것이 아닙니다 _ 145

16장 감각이 지배하는 마음 _ 155

17장 새 계명과 의 _ 158

18장 나의 영수증 _ 171

19장 믿음에 관한 예수님의 말씀 _ 177

요약 _ 186

제안 _ 188

T. L. & 데이지 오스본의 편지

그리스도 안에서
친애하는 친구에게

케년 박사가 쓴 놀라운 책들이 저와 제 아내, 그리고 저희 사역에 얼마나 큰 의미를 지니고 있는지를 당신에게 말하게 되어 매우 기쁩니다. 우리는 1946년, 한 친구를 통해 케년의 책을 접하게 되었습니다. 그것은 『두 가지 의』라는 책이었습니다. 우리가 그 책을 알게 된 것은 하나님의 뜻이었습니다. 왜냐하면 하나님의 말씀 안에서 우리의 기초가 그리 견고하지 못했었기 때문입니다. 지금에서야 우리는 우리의 믿음이 실제로는 감각지식에 근거한 것이었다는 것을 깨달았습니다. 저는 대가족이 사는 농장에서 성장하였는데, 그것으로부터 물려받은 가장 위대한 선물은 저희 부모님이 성경에 대해 깊은 존경심을 가지고 계셨고, 운 좋게도 저도 성경이 절대적이고 완전한 진리라는 거의 맹목적인 믿음과 함께 성장했다는 것입니다.

그러나 하나님의 말씀을 믿는다고 생각하는 수백만 명의 다른 사람들처럼, 소위 우리의 믿음이라는 것은 정말로 감각 지식에 의존했던 것이었습니다. 그때 『두 가지 의』라는 작은 책이 우리에게 전해졌고(그것은 소책자로 인쇄된 초기 보급판 중의 하나였습니다), 그 후 『두 가지 종류의 지식』과 여러 다른 책들을 받아보았습니다. 그것은 놀라운 개혁이었습니다!

우리는 선교사로 인도에 갔지만, 콜레라와 장티푸스와 우리를 실의에 빠뜨리는 상황의 희생물이 되어 결과적으로 사역을 형편없이 실패하고 말았습니다. 집으로 돌아왔을 때, 우리의 사역에 대한 전망은 어두웠습니다. 그때 케년의 책을 알게 되었고, 그와 동시에 치유와 기적을 일으키는 놀라운 사역에서 하나님께 쓰임 받고 있는 한 복음전도자가 우리가 사는 도시를 방문했습니다.

케년의 책들은 우리에게 하나님의 말씀 안에서의 기초를 마련해 주었습니다. 그리고 그 복음전도자는 말씀을 행할 때 가장 놀라운 기적들이 나타나는 것을 입증해 주었습니다. 우리의 삶은 변화되었습니다. 우리는 오레건 주의 포트랜드에서 목회하고 있던 교회를 사임하고 인도로 돌아갔습니다. 앞서 인도에 있었을 때, 우리는 그리스도를 알지 못한 채 고통과 빈곤 속에 살아가는 수백만의 사람들을 보았지만,

그리스도가 오늘도 살아계신 하나님의 아들이라는 사실을 그들에게 납득시킬 수 없었습니다.

그러나 길 위의 성경학교인 케년의 책들을 통해 우리는 전 세계 비그리스도인들에게 복음을 전할 해결책을 갖게 되었습니다.

그날 이후, 그리고 1949년 오스본 재단이 설립된 이래로 우리는 전 세계 60여 개 나라에 있는 대규모 경기장과 야구장, 넓은 벌판, 해변, 그리고 논에서 20명부터 십만 명에 이르는 군중들을 상대로 대규모 복음전도집회를 가졌습니다. 모든 나라들이 영향을 받았습니다.

우리가 발행하는 잡지 'Faith Digest'는 매달 백만여 가정에 보내지고 있습니다. 우리 재단은 불신자들을 위한 선교로서 매달 2천 명 이상을 후원합니다. 현지 교회가 매일 한 곳 이상 세워집니다. 우리가 출판한 책은 백여 개의 언어로 발간됩니다.(그것은 하루에 1톤이 넘는 분량입니다.) 우리의 위대한 복음전파 사역을 담은 기록 영화와 설교 테이프들이 50개 이상의 주요 언어로 만들어집니다.

이 모든 것은 케년 박사가 쓴 전대미문의 책들에 의해 우리 마음에 심겨진 놀라운 진리의 씨앗들로부터 생겨난 것입니다. 당신의 아버지인 E. W. 케년이 시대를 앞서간 사도라는 사실에는 의심의 여지가 없습니다. 그의 놀라운 글들이 전

세계로 퍼져감에 따라 하나님의 영광을 드러내는 새로운 구름이 나타나 세계를 뒤덮기 시작했습니다. 그것은 케년 박사에 의해 심겨진 좋은 씨앗의 수확물인 믿음의 진리가 새롭게 드러난 것이었습니다.

기존에 수립된 신학과 기독교 전문가들은 케년의 글에 나타난 대담함에 충격을 받았고 그들의 기초가 흔들렸습니다. 예배형식을 중요시하는 교양 있는 사제들은 진정한 예수님의 길, 예수님의 믿음을 결코 이해할 수 없었습니다. 그러나 마틴 루터가 인간은 그리스도 안에서만 진정한 믿음에 의해 구원받을 수 있다고 선언하며 그의 신성모독 및 건방진 주장이 종교계를 뒤흔든 이후, 교계는 E. W. 케년 박사가 제시한 개혁적이지만 단순한 진리로 인해 매우 무기력해졌습니다.

그의 놀라운 저서들이 등장한 이후, 표적이 뒤따르는 부흥과 복음주의의 영광스러운 물결이 그 자유의 세계를 완전히 둘러싸고 흠뻑 적셔버렸습니다. 저는 전 세계적으로 대규모 사역을 하며 하나님께 쓰임 받았거나 쓰임 받고 있는 사람들(미국인, 영국인, 유럽인, 아프리카인, 인도인, 한국인, 아시아인, 필리핀인, 남미인들 등)의 대부분을 개인적으로 알고 있습니다. 사람들을 거대한 사역에 동참시키며 세상을 휩쓴 이 새로운 믿음의 씨앗과 뿌리는 분명히 E. W. 케년 박사의 기름부음 받고 재능 있는 문필로부터 나온 글과 획기적인 출판물들의 영향으로부터 시작되었습니다.

케년 박사의 책들은 세상을 완전히 휩쓴 젊은이들의 "예수운동Jesus Movement"[1]을 자라게 한 온상입니다.

수년 전, 저는 당신으로부터 내가 원할 때마다 언제든지 케년 박사의 글을 인용할 수 있다는 허락을 받았습니다. 그의 책들은 25여 년 동안 우리에게 영감을 주었고, 우리의 글에 힘을 실어주었습니다. 어떤 사실에 대해 설명할 때, 케년 박사가 이미 말했던 것보다 더 좋게 표현하기 난감할 때가 자주 있습니다. 진리를 전달하는데 있어 신선하고 분명하지만, 간결한 방식으로 영어를 사용하는 그의 재능은 하나님이 주신 선물이며, 그에 필적할 사람은 아무도 없다고 생각합니다.

저는 이렇게 기도하고 싶습니다.

"그의 글이 계속 살아있기를!" 왜냐하면 진리는 사라질 수 없기 때문입니다. 저는 E. W. 케년의 마음과 생각과 글에 대해 하나님께 감사드립니다. 그리고 변함없는 비전을 가지고

---

[1] 1960년대와 1970년대 미국의 서해안을 중심으로 시작하여 북아메리카와 유럽으로 퍼져 나갔던 기독교 운동으로서, 히피 문화 속에 복음을 전하여 1980년대에 들어서 약화될 때까지, 갈보리 채플 Calvary Chapel 교회를 통해 "마라나타" 찬양단의 음악과 함께 많은 영혼을 구원하고 교회를 세웠던 개신교 운동.(역자주)

다른 것들과 비교할 수 없는 이런 글을 풍성히 출판하는데 있어 지치지 않고 헌신해온 그의 딸에 대해서도 하나님께 감사드립니다. 그로 인해 이 세대가 그의 글들을 공유할 수 있게 되었습니다.

  비록 수백 명의 사람들이 케년 박사의 책들을 모방하려고 했지만(그러나 유사한 글이 등장하도록 선동한 일례에 대해서는 하나님께 감사드립니다), 설명하기 힘든 어떤 이유 때문에 어느 누구도 하나님으로부터 당신의 아버지 같은 은사를 받지 못했습니다. 그는 분명 문필을 위해 지명받은 사도였습니다. 그리고 그의 업적들은 우리의 왕 되신 주님이 다시 오실 때까지 그 길을 계속 밝혀주고, 사람들로 하여금 행동하게 만들 것입니다. 최근 몇 년 동안, 우리는 털사와 오클라호마에 있는 오스본 재단에 케년 박사의 책들을 비축해왔습니다. 진리를 알기 원하는 사람들을 만나면 언제든지 그들에게 그의 책들을 선물하기 때문입니다. 그들의 기름진 마음 밭에 이보다 더 위대한 씨앗을 심을 수 없다고 생각합니다. 또한 젊은 이들에게 수백 권에 달하는 케년 박사의 도서 세트를 주었습니다.(결코 단 한 권도 판매하지 않았습니다.) 그리고 기독교 사역에서 더 많은 열매를 좇아 굶주리고 갈급해 하는 모든 사람들에게 무료로 나누어 주기 위해 케년 박사의 책들을 계속 비축해둘 것입니다.

루스 케년씨, 당신 아버지의 글을 계속 출판해 주셔서 감사합니다. 그리고 언론을 통해 그 풍성한 진리들을 함께 나눔으로써 당신의 세대를 섬겨주셔서 감사합니다. 이 진리는 하나님 아버지의 마음으로부터 나와서 그의 종 E. W. 케년 박사를 통해 오늘날 세상 밖으로 전해졌습니다.

그리스도 안에서 매우 존경하고 감사드리며,

오스본 재단 설립자, **T. L. 오스본**
오스본 재단 부사장, **데이지 오스본**

사례

사람들은 응답 받지 못한 기도로 인해 믿음 생활에 어려움을 겪고 있습니다.

어떤 사람들은 믿음을 완전히 잃어버렸습니다. 많은 사람들이 철학적이고 관념적인 잘못된 종교로 가버리기도 했습니다. 그것은 그들의 기도 생활이 실패했기 때문입니다.

만약 그 사람들에게 그리스도인으로서의 생활에서 가장 큰 어려움이 무엇인지 묻는다면, 그들은 한목소리로 똑같은 대답을 할 것이라고 믿습니다. "내 믿음이 충분하지 않아요. 하나님 잘못이 아니라는 건 알지요. 말씀에 약속들이 있다는 것도 알아요. 난 단지 믿음을 갖지 못했을 뿐이에요. 기도도 해 보았고, 금식도 해 보았는데, 믿음을 어떻게 가질 수 있는지는 모르겠어요."

저녁 식사 자리에서 남편과 아내 사이에 대화가 시작되었습니다.

"아니, 내가 성경에 대한 신뢰를 잃어버린 것은 아니에요.

그런데 우리가 교회에 출석한 지 몇 년이 되었는데도 우리는 여전히 제자리인 것 같아요.

오늘 사무실에서 믿음에 대해 스스로 질문해 보았는데, 내게 믿음이 전혀 없다는 것을 발견했어요. 다시 말해서 내가 사업에 대해 갖고 있는 믿음처럼 긍정적이고 명확한 믿음이 말씀에 대해서는 없는 거예요.

난 우리 회사에서 만드는 제품들에 대해 믿음을 갖고 있어요. 난 그 제품들이 우리가 광고하는 그대로 작동하리라는 것을 알고 있어요.

그런데 하나님의 말씀이 광고되는 그대로 역사할 것인지는 알지 못해요. 뭐가 문제인지 알고 싶어요.

사무실에서는 문제가 생기면 그것을 해결해요. 그런데 교회에서는 그냥 덮어두기만 해요. 그리고 모른 척 무시하죠. 나도 할 수 있는 한 그렇게 무시해왔어요. 그러나 이제 알아야겠어요!"

이 책이 존재하는 이유가 바로 이것입니다. 우리는 믿음의 문제로 고민하고 있는 사람들에게 해답을 주고자 이 책을 썼습니다.

제 1 장

믿음의 기반

"믿음에 관해서는 도통 어떻게 할 수가 없어요." 한 젊은이가 어느 날 제게 찾아왔습니다.

"주일에 저희 목사님이 믿음에 대해 설교하셨어요. 그런데 어떻게 믿음을 가질 수 있는지는 말씀해주지 않으셨어요. 단지 믿음의 필요성에 대해서만 말씀하시고 또 믿음으로 어떤 일들이 가능한지만 말씀해주셨어요.

목사님은 주님께서 하신 말씀 중에서 정말 멋진 말씀들을 인용하셨어요. '믿는 자들에게는 능치 못함이 없느니라.' '만일 너희에게 믿음이 겨자씨 한 알 만큼만 있어도…'

저는 믿음을 가져보려고 해봤어요. 제가 아는 대로 다 시도해 봤고, 다른 사람들이 얘기하는 대로도 다 해봤어요. 그런데 도대체 이해할 수가 없는 거예요. 제가 어디서 잘못된 건지 좀 말씀해주세요."

나는 그 청년이 마음에 들었습니다. 그는 매우 솔직했고 순수했습니다. 고뇌에 찬 그의 두 눈이 나를 강권하고 있었습니다.

내가 그에게 말했습니다. "믿음은 하나님의 말씀을 통해서 생긴다네.

자네는 자네 직장 상사에 대해 믿음을 가지고 있을 걸세. 만약 그가 자네 봉급을 올려 준다고 약속하면, 자네는 의심하지 않고 믿겠지.

자네는 자네가 거래하고 있는 은행에 대해 믿음을 가지고 있을 걸세. 만약 은행에서 자네가 예금을 초과 인출했다고 한다면, 자네는 그것을 의심 없이 받아들이지 않겠나?

자네도 알다시피 자네와 자네의 말은 하나라네. 자네의 말 뒤에는 자네가 있는 거라네. 자네가 약속한 모든 말들 말일세.

하나님과 그분의 말씀도 하나시라네. 하나님께서는 하나님께서 약속하신 모든 말씀 뒤에 계신 거라네. 그분만 그 뒤에 계신 것이 아니라 그분의 보좌가 그분의 말씀 뒤에 서 있는 것이지.

그분께서는 '내가 내 말을 지켜 그대로 이루려 함이라.'고 말씀하셨다네.

그분은 사업가시라네. 그분께서는 그분의 말씀이 모든 만물의 기초라는 것을 알고 계시기 때문에 그 말씀 뒤에서 그 말씀을 뒷받침하고 계신 거라네.

예수님께서는 '천지는 없어질지언정 내 말은 없어지지 아니하리라.'고 말씀하셨네.

이 온전하고 고결한 말씀이 바로 믿음의 기반이라네.

믿음은 말씀을 들음으로 오는데, 말씀을 이해하고 그것이 우리의 일부가 되는 것이라네.

내가 좀 어려운 얘기를 하려고 하는데, 분명 자네는 이해할 수 있을 걸세. 거짓과 속임수와 부정직은 이 세상의 상징이라네.

우리는 국가 간의 국제 관계에서도 이런 모습들을 보고 있지.

비밀요원들이 보안이 허술한 곳을 틈타 곳곳에서 엿듣고 있고 군함의 설계도 같은 것들을 서로 훔치고 있지.

이게 바로 우리 불신앙의 이유라네. 세상은 이런 분위기로 팽배하지. 거짓말할 수 없고 도전 받을 수도 없는 하나님의 말씀에 맞닥뜨릴 때 우리는 어째선지 그 말씀을 받아들일 준비가 되어 있지 않지.

사탄은 거짓말쟁이인데, 그가 이 세상의 신이라네.

예수님께서는 진리의 계시로서 오셨지. 정직하게 말한다는 것이 말뚝에 묶여 화형을 당하는 것을 의미하던 시대에도 그분만이 사람들을 정직하게 만드신 유일한 분이시라네.

여기서 믿음의 기반을 볼 수 있다네. 자네는 말씀을 통해서 예수님을 알게 되지. 그분이 자네를 아버지께로 이끄는 것이네.

그러면 자네는 말씀에 근거해 행동하기 시작하고 정말 그대로 되는 것을 체험하게 되지.

오래 지나지 않아 자네는 예수님께서 혹은 아버지께서 말씀하신 것에 근거해서 행동하는 것이 자네 직장 상사의 말대로 행하는 것만큼 자연스럽다는 것을 발견할 걸세."

곰곰이 생각하던 그가 말했습니다. "감사합니다. 정말 중요한 사실을 배웠습니다. 전에는 한 번도 생각해 보지 못했던 것이었습니다."

하나의 기반

믿음의 기반은 오직 하나뿐입니다. 그것은 살아계신 말씀입니다.

우리가 행동에 있어서 말씀과 일치하게 될 때 믿음은 무의식적인 실재가 됩니다.

자신의 믿음에 대해서는 생각할 필요가 없습니다. 필요한 것들과 그 필요들을 채우시는 하나님의 능력에 대해서만 생각하면 됩니다.

믿음이 자라나 튼튼하고 강해지기를 원한다면 말씀에 푹 젖으십시오. 말씀으로 공급받고 말씀을 묵상하십시오. 당신이 당신 사업과 일치되듯 말씀과 일치될 때까지 그렇게 하십시오.

그리스도 안에서 당신이 어떤 존재인지 발견하십시오. 당신의 특권이 무엇이며 하나님께서 당신을 어떻게 생각하시는지, 당신에 대해 어떻게 말씀하시는지 발견하십시오.

말씀 안에서 이 모든 것을 발견하게 될 것입니다.

제 2 장

믿음이란

"믿음은 바라는 것들의 실상이요."

믿음은 소망의 비현실성을 붙잡아 현실의 영역으로 가지고 오는 것입니다.

믿음은 하나님의 말씀에서 자라납니다.

믿음은 당신이 그토록 소망하는 것들이 결국 당신의 것이 된다는 보증서입니다.

믿음은 "보이지 않는 것들의 증거"입니다.

당신이 재정적인 필요가 채워지기를 소망한다면, 믿음은 당신이 필요할 때 그 돈을 갖게 될 것이라는 확증을 줍니다.

당신이 해내야만 하는 어떤 일에 정신적인 강건함을 소망합니다.

믿음이 말합니다. "여호와는 내 생명의 능력이시니 내가 누구를 무서워하리요?"

감각지식은 교회에 지적 동의를 가지고 왔는데, 믿음과 너무나 흡사하여 많은 사람들이 이 둘의 차이를 모르고 있습니다.

지적 동의는 보고 감탄하기는 하지만 이렇게 말합니다. "그래, 맞아, 하지만 내 경우는 아니야."

지적 동의는 성경이 하나님께로부터 온 계시이며 모든 말씀이 진리라는 것을 인정합니다. 그러나 막상 위기에 닥치면 전혀 기능하지 않습니다. 지적 동의는 단지 이 놀라운 책의 진정성을 인정할 뿐 이에 근거해서 행동하지는 않습니다.

소망은 "내가 언젠가 갖게 될 거야."라고 말합니다.

믿음은 "나는 지금 가지고 있어."라고 말합니다.

지적 동의는 "정말 아름다워. 내가 마땅히 가져야 하는 건 알아. 그런데 어떤 이유에선지 난 못 가졌어. 왜 그런지 모르겠어."라고 말합니다.

감각지식의 믿음은 "내가 볼 수 있고 느낄 수 있으면 그때 난 가졌다는 것을 알지."라고 말합니다.

그러나 말씀에 대한 진정한 믿음은 이렇게 말합니다. "하나님께서 맞다고 말씀하시면 그게 맞는 거야. 하나님께서 '그가 채찍에 맞음으로 네가 나았다'라고 말씀하시면 나는 나은 거야. 하나님께서 내 모든 필요를 채우실 것이라고 말씀하신다면 그분은 분명 그렇게 하실 거야. 하나님께서 내 생명의 능력이라고 말씀하신다면 정말 그런 거야. 그러니까 이제 나는 내 일만 하면 돼. 하나님은 스스로 어떻다고 말씀하신 바 그대로이시고, 나도 하나님께서 내가 어떤 사람인지 말씀하신 그대로야.

하나님께서 내가 강하다고 말씀하신다면 난 강한 거야.

하나님께서 내가 나았다고 말씀하신다면 난 나은 거야.

하나님께서 나를 돌보신다고 말씀하신다면 난 그분께서 정말 그렇게 하신다는 걸 알아.

그러니까 난 감각을 만족시킬 증거에 연연하지 않고 잠잠히 하나님의 말씀만 의지하고 있는 거야."

진정한 믿음은 말씀 위에 세워집니다.

그것은 감각지식으로 흐려지지 않습니다.

그것은 어린 아이가 자기 엄마를 믿는 믿음처럼 무의식적인 믿음입니다.

아이는 절대 이렇게 말하지 않습니다. "어머니, 저는 어머니 말씀을 믿어요. 제가 빵 한 조각 달라고 하면 어머니께서 주신다는 것을 알고 있어요." 만약 아이가 이렇게 말한다면 그 엄마는 놀라 기겁을 할 것입니다. 도대체 내 아이에게 무슨 일이 일어났는지 어리둥절할 것입니다.

우리는 이상한 현학적인 말들로 믿음 주위를 철조망처럼 에워쌌습니다.

사람들이 "주님, 믿습니다. 저의 믿음 없음을 도와주세요."라고 울부짖고 있습니다.

그들은 믿음을 구하며 기도하고 있습니다.

그러면서 그들은 그분께서 하신 모든 말씀이 진리라고, 그 사실을 알고 있다고 하나님께 말하고 있습니다.

이 모든 것들이 그들의 영을 지배하고 있는 감각지식을 보여주는 것입니다. 아직 말씀이 그들의 삶에 있어서 최고 우위가 되고 있지 못한 것입니다.

믿음은 우리 안에 거하는 말씀의 결과물입니다.

지금 나는 말씀 암송을 말하고 있는 것이 아닙니다.

말씀이 우리 자신의 일부가 될 때까지 말씀으로 살고 실행하는 것을 말합니다.

우리는 말씀을 묵상합니다. 말씀을 깊이 생각합니다. 말씀을 공급받습니다. 말씀이 우리 자신의 실제 한 부분이 되는 것입니다. 이렇게 될 때 이 믿음의 말씀이 우리 안에 확신과 확증을 세워줍니다.

감각지식은 보고 듣고 느끼는 영역에 우리를 붙잡아두려고 당신의 진보를 계속 방해할 것입니다. 그러나 우리는 말씀이 우리 존재의 일부가 되고 실재가 될 때까지 그 말씀 안으로 전진해 들어갈 것입니다.

제 3 장

믿음의 종류

한번은 새로운 피조물에 관해서 설교를 한 적이 있었습니다. 제자들이 오순절이 되기까지는 아직 거듭나지 않은 상태였고, 구원은 예수님이 우리의 대속물이 되셨다는 것을 믿은 결과로 주어진다는 내용이었는데, 성경 구절들을 인용하지 않고 설교를 했었습니다.

집회가 끝나고 한 남자가 내게 말했습니다. "마르다가 구원받지 못했다고요? 그녀는 예수님을 믿었잖습니까? 그리고 베드로의 고백이 구원을 가져오는 것이 아닙니까?"

예수님의 죽음과 부활 이전의 사람들은 예수님에 대해 어떤 종류의 믿음을 가지고 있었습니까?

"그들은 성경에 그가 죽은 자 가운데서 다시 살아나야 하리라 하신 말씀을 아직 알지 못하더라" 요 20:9

이것은 우리 주 예수님의 부활과 연결된 극적인 이야기 중

일부입니다.

우리는 구원이 대속물로서의 예수님, 즉 예수님께서 우리의 범죄함 때문에 죽으셨고 우리를 의롭다 하시기 위해 부활하셨다는 것을 믿는 믿음에 근거한다는 것을 알고 있습니다.

마르다가 예수님에 대해 어떤 믿음을 가졌었는지는 요한복음 11:27에 묘사되어 있습니다. "이르되 주여 그러하외다 주는 그리스도시요 세상에 오시는 하나님의 아들이신 줄 내가 믿나이다"

그녀는 예수님을 그녀의 개인적인 대속물로서와 구원자로서 죽으시고 부활하신 분으로는 믿지 않았습니다.

그녀는 예수님을 하나님의 아들로서, 약속된 메시야로서 믿었습니다.

베드로의 예수님에 대한 고백도 마태복음 16:16에 기록되어 있습니다.

"시몬 베드로가 대답하여 이르되 주는 그리스도시요 살아계신 하나님의 아들이시니이다"

이것은 그리스도께서 그의 범죄함 때문에 죽으시고 그의 의롭다 함을 위해 부활하셨다는 고백이 아니라, 단지 그분의 메시야 되심과 하나님의 아들이라는 신분을 고백한 것입니다.

사복음서에 여러 다른 형태의 인상적인 고백들이 있습니다.

"그들이 묻되 그러면 우리가 보고 당신을 믿도록 행하시는 표적이 무엇이니이까, 하시는 일이 무엇이니이까"요 6:30

"보고 당신을 믿도록"이라는 표현에 주목하시기 바랍니다.

여기서 우리는 요한복음 20:25의 도마의 진술을 읽어 봐야 할 것 같습니다. 예수님께서 부활 후에 이미 제자들에게 나타나신 후였습니다. 도마는 거기 없었습니다. 다른 제자들이 그들에게 일어났던 일을 말해 주었습니다.

도마는 이렇게 말했습니다. "내가 그의 손의 못 자국을 보며 내 손가락을 그 못 자국에 넣으며 내 손을 그 옆구리에 넣어 보지 않고는 믿지 아니하겠노라"

그는 증거를 가진 후에야 믿으려고 했습니다.

예수님께서 도마를 만나 말씀하십니다. "도마에게 이르시되 네 손가락을 이리 내밀어 내 손을 보고 네 손을 내밀어 내 옆구리에 넣어 보라. 그리하여 믿음 없는 자가 되지 말고 믿는 자가 되라 도마가 대답하여 이르되 나의 주님이시요 나의 하나님이시니이다 예수께서 이르시되 너는 나를 본 고로 믿느냐 보지 못하고 믿는 자들은 복되도다 하시니라"요 20:27-29

여기서 상반된 두 가지 믿음을 볼 수 있습니다.

하나는 감각지식의 믿음인데 물리적인 증거에 근거한 것입니다. 보여야 믿습니다. 들려야 믿습니다.

예수님께서는 다른 종류의 믿음, 즉 볼 수 없고 느낄 수 없고

들을 수 없어도 믿는 믿음을 말씀하십니다.

예수님께서 이 땅에 사실 때 사람들이 가졌던 믿음은 감각지식의 믿음이었습니다.

이 사실은 우리가 믿음의 여정에서 이룬 가장 깜짝 놀라운 발견 중 하나입니다.

이 사실로 인해 많은 의문들이 말끔히 해결되었습니다.

교회의 성도들 중 많은 사람들이 하나님께서 우리에게 계시로 주신 믿음이 아닌 이런 감각지식의 믿음을 가졌습니다.

그리스도께서 이 땅에 계실 때 유대인들은 첫 번째 언약 아래 있었습니다.

그들은 황소와 염소의 피 아래 있었습니다.

그들은 그리스도께서 죽으시고 부활하실 때까지 영생을 갖지 못했는데, 이는 어느 누구도 그리스도를 구원자로 믿지 않았기 때문입니다.

그들은 그리스도의 대속을 믿지 않았습니다.

누가복음 24:10-53을 보면, 주 예수님의 부활 직후에 제자들이 어떤 상태였는지 분명한 그림을 가질 수 있습니다.

예수님께서 마리아와 다른 사람들에게 나타나셨습니다.

그들은 제자들이 모여 있던 곳으로 달려갔습니다.

"이 여자들은 막달라 마리아와 요안나와 야고보의 모친 마리아라 또 그들과 함께 한 다른 여자들도 이것을 사도들에게 알리니라 사도들은 그들의 말이 허탄한 듯이 들려 믿지 아니하나"

당시 제자들에게는 구원하는 믿음이 전혀 없었습니다.

그들은 예수님을 그들의 구원자로 환호하며 맞이하지 않았습니다.

예수님께서 나타나셨을 때 그들은 어리둥절하고 당황스럽기만 했습니다.

그들은 몸에 있는 십자가의 흔적을 증거로 본 후에야 그분을 알아봤습니다. 그제야 그분이신 것을 알았습니다.

제자들은 예수님을 메시야와 하나님의 아들로서는 믿었지만, 대속물이나 죄로부터 구원하시는 분으로는 믿지 않았습니다. 그들은 예수님을 로마에서 해방시킬 분으로 보았습니다.

하나님께서 바울에게 계시로 주시기 전에는 그리스도의 대속에 대한 지식이 제자들에게 아직 명확하지 않았습니다.

우리는 서신서에 있는 바울의 계시를 통해 그 지식을 가지고 있습니다.

사도행전의 믿음

바울의 계시가 알려지기 전, 사도행전 처음 15장에 기록된 제자들의 믿음에 대해서 살펴보도록 하겠습니다.

사도행전 1장에서 제자들은 주님을 다시 만났습니다. 그분을 만졌습니다. 그분의 음성을 들었습니다. 그들의 믿음은 감각 증거에 근거한 것이었습니다.

그것은 당신이 가지고 있는 믿음과 다른 종류의 믿음입니다.

당신은 예수님을 실제로 본 적이 없습니다. 당신은 그분의 음성을 들어본 적이 없습니다. 그분의 몸을 만져본 적도 없습니다. 그러나 당신은 그분께서 죽은 자들 가운데서 다시 살아나신 것을 믿습니다.

그들은 그분께서 죽으시기 전에 그분과 함께 살았습니다.

그들은 부활 후에도 그분과 다시 40일을 같이 살았습니다.

사도행전 2:1-4을 주의 깊게 읽어보십시오.

"오순절 날이 이미 이르매 그들이 다 같이 한 곳에 모였더니 홀연히 하늘로부터 급하고 강한 바람 같은 소리가 있어 그들이 앉은 온 집에 가득하며 마치 불의 혀처럼 갈라지는 것들이 그들에게 보여 각 사람 위에 하나씩 임하여 있더니 그들이 다 성령의 충만함을 받고 성령이 말하게 하심을 따라 다른 언어들로 말하기를 시작하니라"

그들은 급하고 강한 바람 같은 소리를 들었습니다.

그들은 그들의 눈앞에 불의 혀처럼 갈라지는 것들을 보았습니다.

그들은 방언으로 말하고 하나님을 찬양하는 것을 들었습니다.

계시 믿음은 없었습니다. 오직 감각지식의 믿음만 있었습니다.

그들이 방언에 대해 믿은 것은 그것을 들었기 때문입니다.

그들이 성령님이 오신 것을 믿은 것은 그 증거를 보았기 때문입니다.

사도행전 5장에서 뒤따른 강한 기적들은 수많은 군중들에게 주 예수님의 부활에 대한 큰 믿음을 갖게 합니다.

그러나 이 믿음은 오늘날 당신이 가지고 있는 믿음과는 종류가 다릅니다.

당신은 그들이 예루살렘에서 가졌던 실제 증거들을 전혀 가지지 않았습니다.

"태초부터 있는 생명의 말씀에 관하여는 우리가 들은 바요 눈으로 본 바요 자세히 보고 우리의 손으로 만진 바라 이 생명이 나타내신 바 된지라 이 영원한 생명을 우리가 보았고 증언하여 너희에게 전하노니 이는 아버지와 함께 계시다가 우리에게 나타내신 바 된 이시니라 우리가 보고 들은 바를 너희에게도 전함은 너희로 우리와 사귐이 있게 하려 함이니 우리의 사귐은 아버지와 그의 아들 예수 그리스도와 더불어 누림이라" 요일 1:1-3

베드로와 제자들은 부활하신 후에 예수님을 직접 눈으로 보고 손으로 만진 사람들이었습니다.

예수님께서는 그들에게 그분의 이름을 사용하고 병자들에게 손을 얹을 수 있는 권세를 주셨습니다.

그들은 이 권세를 분명히 보여줬습니다.

사도행전 3:6에서 베드로와 요한이 그 이름을 사용하여 성전 미문에 앉아있던 앉은뱅이를 고칩니다.

모인 많은 사람들이 전에는 절망적인 불구였던 그 사람이 그들 눈앞에서 치유되는 것을 보았습니다.

산헤드린 공회도 그들을 체포했을 때 할 말이 없었습니다.

"또 병 나은 사람이 그들과 함께 서 있는 것을 보고 비난할 말이 없는지라" 행 4:14 그들을 할 말 없게 만들었습니다.

베드로는 오순절에 사람들이 "형제들이여, 우리가 어떻게 하면 구원을 받을 수 있습니까?" 하고 물을 때 주 예수 그리스도를 믿으라고 말하지 않았습니다.

그는 이렇게 말했을 뿐입니다. "너희가 회개하여 각각 예수 그리스도의 이름으로 세례를 받고 죄 사함을 받으라."

믿음에 관한 계시가 아직 임하지 않았습니다. 하나님께서는 그들을 어린아이처럼 다루셨습니다.

하나님께서는 그들에게 볼 수 없고 들을 수 없고 느낄 수 없는 것을 믿으라고 요구하지 않으셨습니다.

많은 믿는 사람들이 하는 말을 잘 들어보면 참 흥미롭습니다. "초대교회와 같은 기독교의 형태로 돌아가야 합니다."

그들은 그 시도가 결국 진정한 믿음과 말씀을 거절하고 있다는 것을 알지 못합니다.

그들은 어떤 나타남이 있기까지는 성령님을 받은 것이 아니라고 주장합니다.

그들은 감각을 통한 증거가 없을 때에도 하나님께서 사람들 가운데 계신 것을 믿지 않습니다.

그것은 하나님의 말씀을 믿는 믿음이 아닙니다. 그것은 감각을 믿는 믿음입니다.

내가 "봤다." 내가 "들었다." 내가 "느꼈다." 그러므로 나는 내가 그것을 가진 것을 믿는다.

"내가 너희에게서 다만 이것을 알려 하노니 너희가 성령을 받은 것이 율법의 행위로냐 혹은 듣고 믿음으로냐 너희가 이같이 어리석으냐 성령으로 시작하였다가 이제는 육체(혹은 감각)로 마치겠느냐" 갈 3:2-3

우리는 하나님께서 우리를 어린아이처럼 다루시는 것을 보곤 합니다. 그것은 정말 큰 은혜입니다. 시간이 흘러 때가 되면 마땅히 자라서 보이는 것이 아니라 믿음으로 살아가는 것을 배워야 하는 것입니다.

사도행전의 처음 15장을 주의 깊게 살펴본다면 그들 중 어느 누구도 대속에 대한 가르침을 이해하고 있었다는 증거를 전혀 발견할 수 없을 것입니다.

의에 대한 위대한 가르침에 관한 힌트조차 없었습니다.

그들이 새로운 탄생이 어떤 의미인지 이해했다는 징후가 전혀 없습니다. 그들은 그것을 누렸고, 또한 충만한 가운데 살았지만 그것을 이해하지는 못했습니다.

이는 나중에 하나님께서 사도 바울에게 주신 계시를 통해 전해지게 됩니다.

우리는 사도행전에서 속량, 대속, 새로운 피조물, 아버지의 우편에 계신 예수님의 사역 등의 이런 위대한 주제들이 다루어지기 시작하는 것을 보게 될 것이라고 당연히 기대할 것입니다. 그러나 그런 주제들은 짐작조차 할 수 없습니다.

그나마 가장 근접하다고 할 수 있는 것들이 사도행전 15:10-11의 예루살렘 공회에서 발견됩니다.

바울은 사도들에게 그가 전해왔던 메시지를 전했습니다.

그러자 베드로가 말했습니다. "그런데 지금 너희가 어찌하여 하나님을 시험하여 우리 조상과 우리도 능히 메지 못하던 멍에를 제자들의 목에 두려느냐? 그러나 우리는 그들이 우리와 동일하게 주 예수의 은혜로 구원 받는 줄을 믿노라"

그는 첫 번째 언약 아래의 율법을 지키는 기준을 가졌던 것입니다. 마지막 문장은 이방인 신자들을 고려한 것입니다.

계시 믿음을 취하기 전에 오늘날 예수님을 믿는 여러 종류의 믿음들을 알아야 할 것입니다.

크리스천 사이언스, 유니티Unity, 그리고 다른 여러 형이상학적이고 철학적인 가르침들은 인격체이신 하나님을 믿지 않습니다.

그들은 하나님은 완벽한 정신이지, 어떤 장소에 실존하는 것은 아니라고 말합니다.

신이라는 존재는 그저 우주적인 위대한 정신일 뿐이며 모든 개개인 가운데 깃들어 있다고 주장합니다. 본체가 없이 흩어져 있다고 주장합니다.

뇌가 없는 정신일 뿐이며 인격도 없다고 합니다.

그들은 바울이 계시로 받아 가르친 죄의 존재도 믿지 않습니다.

그들은 예수님께서 우리의 범죄로 인하여 죽으신 것을 믿지 않습니다. 그저 순교자로 죽었다고 말합니다.

그들은 예수님의 문자 그대로의 부활, 즉 육체적인 부활을 믿지 않고 "형이상학적인 부활"(무슨 뜻인지도 모르겠습니다만)이라고 부릅니다.

하나님께서 인격이 아니시고, 또한 예수님께서 죄를 없애시지 않으셨다면 도대체 예수님은 누구시고 또 우리가 그분을 믿는 믿음은 어떤 가치가 있습니까?

어떤 이들은 예수님을 "길을 보여주는 사람"이라고 부릅니다. 그분은 길을 보여주는 사람이 아닙니다. 그분이 바로 길입니다.

예수님과 하나님에 대한 그들의 믿음은 결국 자신을 믿는 믿음이고 선천적으로 그들 안에 가지고 있던 믿음입니다.

그런 믿음은 그들 안에서 큰 변화를 만들어 낼 수는 있겠지만, 새로운 피조물로 만들어 주거나 아버지 하나님과 실제 교제를 갖게 하거나 그들에게 의를 부여해 주지는 못합니다.

현대 사람들이 가지고 있는 믿음은 무엇입니까?

대속물이 되신 예수님을 믿는 것이 아닙니다. 그들은 그리스도께서 대속 제물이 되셔서 우리 대신 희생하셨다는 것을 믿지 않습니다.

예수님으로 인해 드러난 하나님 아버지를 믿는 믿음도 아닙니다.

예수님을 이해하는 인간의 개념을 믿는 믿음입니다. 그런 믿음은 새로운 피조물을 만들어 낼 수 없습니다.

그런 믿음은 잃어버린 자들을 구원할 수 없습니다.

사람들은 과학이야말로 현대의 신이라고 소리 지르며 과학을 맹신하고 있습니다.

그러나 과학은 우주의 숨겨진 진리라는 거대한 몸체에서 떨어져 나온 조각들을 사람들이 모은 것에 지나지 않습니다.

그저 오감을 통해 얻은 지식에 지나지 않습니다.

오감으로는 창조의 목적이나 그 이유를 발견할 수 없습니다.

오감으로는 생명의 근원이나 움직임, 전 우주를 아우르는 권세나 힘을 발견할 수 없습니다.

오감으로는 사람의 목적이나 사람의 종말을 알지 못합니다. 감각지식은 제한적이기 때문에, 감각지식의 믿음도 제한적일 수밖에 없습니다.

제 4 장

믿음의 상태들

믿음은 교회에서 "정당한 대우"를 받은 적이 없음에도 인류의 가장 위대한 성취는 모두 믿음에서 비롯되었습니다.

울워쓰Woolworth는 5달러 10센트에 믿음을 가졌고, 결국 6천만 달러의 재산과 모든 교차로에 상점을 갖게 되었습니다.

포드Ford는 모든 사람이 살 수 있는 저렴한 자동차에 믿음을 가졌습니다.

믿음은 문명의 발전에 있어서 가장 위대한 요소입니다.

인간의 믿음이 자연적인 영역에서 이토록 위대한 업적을 이루게 한 것과 마찬가지로 아버지와 그분의 말씀에 대한 믿음 또한 믿는 자들로 영적인 업적을 이루게 합니다.

자신의 메시지에 믿음을 가지고 있는 설교자는 하나님의 말씀을 듣는 사람의 심령 가운데 믿음이 생기게 되는 것을 발견하게 됩니다.

그의 믿음은 하나님께서 그 말씀 안에 계시고 그 말씀을 뒷받침하신다는 것을 믿는 믿음입니다.

그의 믿음은 하나님께서 주시는 것에 대해 인간이 반응할 것을 믿는 믿음입니다.

그의 믿음은 예수님과 같은 종류의 사랑을 믿는 믿음입니다. 그는 그 사랑이야말로 인간이 가진 모든 문제의 해답이며, 그 사랑을 실천하는 가정에서 가장 고귀한 그리스도인의 성품이 생겨난다고 믿습니다.

내가 하나님이야말로 믿음의 하나님이라는 것을 발견했을 때가 내 평생에 가장 위대한 날이었습니다.

나는 그분께서 사랑의 하나님이심을 알고 있었습니다. 그분께서 의로우신 하나님이시며 전지전능하신 하나님이심을 알고 있었습니다. 그러나 내가 하나님께서 근본적으로 믿음의 하나님이심을 발견했을 때, 나는 그분의 자녀로서 믿음으로 사는 것이 우리에게 매우 자연스러운 것임을 알게 되었습니다.

창조적인 믿음

"믿음으로 모든 세계가 하나님의 말씀으로 지어진 줄을 우리가 아나니 보이는 것은 나타난 것으로 말미암아 된 것이 아니니라"히 11:3

창조는 신선하고 새로운 창조이지, 낡아진 세계가 개량된 것이 아닙니다.

나는 그것이 말씀으로 다스려진다는 것을 발견했습니다. "이는 하나님의 영광의 광채시요 그 본체의 형상이시라 그의 능력의 말씀으로 만물을 붙드시며 죄를 정결하게 하는 일을 하시고 높은 곳에 계신 지극히 크신 이의 우편에 앉으셨느니라"히 1:3

창세기 1장에 거듭 반복되는 위대한 단어가 있습니다. "있으라 하시니Let there be"

믿음으로 충만한 말들이 우주를 존재하게 했고, 오늘날도 그 우주를 다스리고 있는 것은 바로 믿음으로 충만한 말들입니다.

예수님께서는 창조적인 믿음을 몇 가지 실례로 보여주셨습니다.

마태복음 15:30-31에는 예수님께서 장애인들을 온전하게 회복시키신 일들이 기록되어 있습니다.

"큰 무리가 다리 저는 사람과 장애인과 맹인과 말 못하는 사람과 기타 여럿을 데리고 와서 예수의 발 앞에 앉히매 고쳐 주시니 말 못하는 사람이 말하고 장애인이 온전하게 되고 다리 저는 사람이 걸으며 맹인이 보는 것을 무리가 보고 놀랍게 여겨 이스라엘의 하나님께 영광을 돌리니라"

나는 외과 수술로 제거한 장기들이 회복된 여성들을 몇 명 알고 있습니다.

창조적인 믿음은 예수님께서 갈릴리를 거니시던 그 때와 마찬가지로 오늘날도 실제로 역사하고 있습니다.

다스리는 믿음

이 믿음은 환경을 다스리는 믿음입니다.

히브리서 1:3에서 우리는 예수님의 그림을 봅니다.

"이는 하나님의 영광의 광채시요 그 본체의 형상이시라 그의 능력의 말씀으로 만물을 붙드시며 죄를 정결하게 하는 일을 하시고 높은 곳에 계신 지극히 크신 이의 우편에 앉으셨느니라"

그분께서는 단지 창조주이실 뿐 아니라 창조하신 세계를 다스리고 계십니다.

그분께서는 그 능력의 말씀으로 우주를 다스리고 계십니다.

자연의 힘을 다스리는 그분에 관한 묘사가 있습니다.

"예수께서 이르시되 어찌하여 무서워하느냐 믿음이 작은 자들아 하시고 곧 일어나사 바람과 바다를 꾸짖으시니 아주 잔잔하게 되거늘"마 8:26

예수님께서는 바람과 바다를 다스리셨습니다.

그 광경을 본 사람들이 그분의 권세에 얼마나 놀랐습니까?

그들은 "이이가 어떠한 사람이기에 바람과 바다도 순종하는가?"라고 말했습니다.

누가복음 5:1-11에서 바다의 물고기들을 다스리시는 예수님을 볼 수 있습니다.

주님께서 베드로의 배를 잠시 강대상으로 사용하셨습니다. 그리고 그 대가를 지불하셨습니다.

주님께서 말씀하셨습니다. "베드로야, 지난밤에 고기를 좀 잡았느냐?"

베드로가 대답했습니다. "아닙니다, 주님."

예수님께서 말씀하셨습니다. "깊은 데로 가서 그물을 내려 고기를 잡아라."

베드로가 말했습니다. "주님, 제가 알기로는 여기에는 고기가 없습니다. 하지만 주님의 말씀에 의지해서 그물을 내리겠습니다."

그물은 그 즉시 가득 찼습니다.

이것이 다스리는 믿음입니다.

"저물어 해 질 때에 모든 병자와 귀신 들린 자를 예수께 데려오니 온 동네가 그 문 앞에 모였더라 예수께서 각종 병이 든 많은 사람을 고치시며 많은 귀신을 내쫓으시되 귀신이 자기를 알므로 그 말하는 것을 허락하지 아니하시니라" 막 1:32-34

믿음의 상태들

예수님께서는 귀신들을 다스리셨고, 귀신들도 주님께서 자신들을 지배하고 계심을 알고 있었습니다.

요한복음 11:39-44에서 주님께서는 죽음을 제압하시고 나사로를 다시 일으키셨습니다.

주님께서 "돌을 옮겨 놓아라."라고 말씀하셨습니다. 그리고 나사로에게 나오라고 명령하셨습니다.

예수님께서는 다스리는 믿음을 가지고 계셨습니다.

주님께서는 마귀의 세력을 다스리셨습니다. 마귀의 일을 다스리셨습니다. 그분께서 주인이셨습니다.

그분께서 명령하시면 나무가 뿌리부터 말라 죽었습니다.

그분께서는 온 우주를 지배하는 모든 법칙의 절대적인 군주이셨습니다.

종교적인 믿음

오늘날 종교적인 믿음이 얼마나 강하게 역사하고 있는지 알고 있는 사람이 별로 없는 것 같습니다.

사람들은 교리나 특정 단체들을 믿고, 그들의 교회를 믿고, 약을 믿고, 의사를 믿고, 의학이나 수술을 믿고, 선행을 믿고, 친절한 행동을 믿고, 기부를 믿고, 뉘우침과 속죄를 믿고 있습니다.

평범한 사람들이 자기 자신이나 혹은 다른 누군가가 할 수 있는 어떤 것을 믿고 있다는 것은 정말 놀라운 일입니다.

경험의 믿음

아마도 여러 종류의 믿음들 가운데 경험의 믿음이야말로 가장 속기 쉬운 믿음일 것입니다.

사람들은 그들이 느끼고 보고 들은 것을 말합니다.

최근에 어떤 사람이 내게 말했습니다. "저는 치유 받지 못했어요. 저는 저의 믿음을 입증할 수가 없었어요."

이런 사람들은 감각지식의 믿음을 가지고 있는 것입니다.

그들은 육체적인 증거가 있지 않으면 도무지 믿지 않습니다.

현대 교회에서 이보다 치명적인 속임수는 없습니다.

어떤 사람들은 자기 몸에 어떤 현상이 나타나기 전에는 그들이 성령을 받았다고 믿지 않습니다.

그들은 자신의 몸에서 고통이 사라지기 전에는 치유 받았음을 믿지 않습니다.

그들은 물리적인 어떤 증거가 보이지 않는 한, 하나님께서 그들의 기도를 들으셨다고 믿지 않습니다.

하나님의 말씀이 있어야 할 자리에 감각지식과 감각의 증거가 자리잡고 있는 이런 종류의 믿음을 많이 봐왔습니다.

계시 믿음에는 말씀이 첫 번째 위치에 자리잡고 있습니다. 계시 믿음은 육체적인 증거에 좌우되지 않습니다. 계시 믿음은 하나님의 말씀 중 어떤 것도 무력하지 않다고 믿으며, 하나님께서 말씀하신 것에 대해 잠잠한 확신 가운데 거하는 것입니다.

그것은 다른 어떤 증거 없이도 말씀을 최종 결론으로 받아들이는 것입니다.

말씀이 선언했으면, 그것으로 충분합니다.

아픈 사람이 있다면 "주님께서 내 아픔을 대신 짊어지셨고 내 질병을 담당하셨다. 그러므로 아버지 감사합니다. 내가 나았습니다."라고 외쳐야 할 것입니다.

이것이 새 언약이며 계시 믿음입니다.

제 5 장

계시 믿음

바울의 계시에 있어서 기초가 되는 세 구절을 구약에서 발견할 수 있습니다.

첫 번째 구절은 창세기 15:6입니다. "아브람이 여호와를 믿으니 여호와께서 이를 그의 의로 여기시고"

이는 아브람이 "전폭적인 위임"을 여호와께 드렸고, 이를 의로 여기셨다는 의미입니다.

이러한 "전폭적인 위임"은 로마서 10:9-11의 내용과 동일한 것입니다. "네가 만일 네 입으로 예수를 주로 시인하며 또 하나님께서 그를 죽은 자 가운데서 살리신 것을 네 마음에 믿으면 구원을 받으리라 사람이 마음으로 믿어 의에 이르고 입으로 시인하여 구원에 이르느니라 성경에 이르되 누구든지 그를 믿는 자는 부끄러움을 당하지 아니하리라 하니"

바울이 받은 계시 믿음은 예수님의 주권을 우리 입술로 고백할 것을 요구합니다. 이것은 말씀을 향한 "전폭적인 위임"을 의미하는데, 이는 말씀이 그리스도의 자리를 대신하기 때문입니다.

두 번째 구절은 이사야 28:16입니다. "그러므로 주 여호와께서 이같이 이르시되 보라 내가 한 돌을 시온에 두어 기초를 삼았노니 곧 시험한 돌이요 귀하고 견고한 기촛돌이라 그것을 믿는 이는 다급하게 되지 아니하리로다"

다른 두 가지 번역본이 더 있습니다. "누구든 그를 믿는 사람은 또 다른 기초를 찾아 방황하지 않을 것이다." "누구든 그를 믿는 사람은 부끄러움을 당하지 않을 것이다."

누구든 이렇게 하는 사람은 부끄러움을 당하지 않을 것이라고 말씀하고 있습니다. 환경이나 외관이나 감각증거와 상관없이 상황을 전적으로 말씀에 의지하는 것입니다.

세 번째 구절은 하박국 2:4입니다. "의인은 그의 믿음으로 말미암아 살리라" 이 구절은 우리가 한 발자국 더 전진하도록 해줍니다.

"의인"은 새로운 피조물이 되어 의롭게 되었습니다. 그는 보이는 것이나 느끼는 것으로 행하지 않고 믿음으로 행합니다. 다른 말로 하면, 그는 말씀으로 행합니다.

"이는 우리가 믿음으로 행하고 보는 것으로 행하지 아니함이로라"고후 5:7

"나의 의인은 믿음으로 말미암아 살리라 또한 뒤로 물러가면 내 마음이 그를 기뻐하지 아니하리라 하셨느니라" 히 10:38

이 각각의 구절들은 우리의 상황에 도전을 주고 있는 것입니다.

당신이 그분의 의인입니다. 당신은 믿음으로 살아야 합니다.

감각증거나 감각지식으로 물러나서는 안 됩니다. 말씀의 빛 가운데 주님과 함께 계속 걸어가야 합니다.

아브라함이 그랬던 것처럼 당신도 그렇게 할 수 있습니다.

하나님께서 말씀에서 약속하신 모든 것을 당신 안에서 이루실 수 있다고 여긴다면, 말씀을 보며 믿음으로 굳건해져서 하나님께 영광을 돌리게 되는 것입니다.

이 위대한 구절들은 말씀을 믿어 의롭게 된다는 바울 서신에서 나타난 계시의 기반이 되었습니다.

바울은 로마서에서 변론을 시작하면서 아브라함의 믿음을 모형으로 제시했습니다.

"성경이 무엇을 말하느냐 아브라함이 하나님을 믿으매 그것이 그에게 의로 여겨진 바 되었느니라 일하는 자에게는 그 삯이 은혜로 여겨지지 아니하고 보수로 여겨지거니와 일을 아니할지라도 경건하지 아니한 자를 의롭다 하시는 이를 믿는 자에게는 그의 믿음을 의로 여기시나니" 롬 4:3-5

의는 어떤 죄의식이나 죄책감이나 열등감 없이 하나님의

임재 가운데 서 있을 수 있는 능력을 의미합니다.

하나님께서 아브라함을 의롭다고 여기신 후에 아브라함이 소돔과 고모라의 구원을 위해 간청한 것을 알 수 있습니다.

창세기 18장을 주의 깊게 읽어 보면 아브라함의 담대한 믿음을 볼 수 있습니다.

그는 현재 우리가 의로운 만큼 의로웠던 것이 아니었습니다. 그의 의는 단지 의롭다고 여김을 받은 것이었습니다.

그것은 그에게 부여된 것입니다. 하나님으로부터 그렇게 인정을 받은 것입니다.

로마서 4장에서 방금 읽은 구절에 의하면 의로 여겨진 것은 행위로 말미암지 않습니다.

의는 믿음에 근거하여 인정받는 것입니다. 행위로 얻을 수 없습니다. 선물로 받는 것입니다.

"너희는 그 은혜에 의하여 믿음으로 말미암아 구원을 받았으니 이것은 너희에게서 난 것이 아니요 하나님의 선물이라 행위에서 난 것이 아니니 이는 누구든지 자랑하지 못하게 함이라"엡 2:8-9

구원, 속량, 영생, 새로운 피조물, 성령님의 내주하심, 예수 이름을 사용할 수 있는 법적인 권리, 그리고 하나님의 아들과 딸로서 가지는 우리의 모든 특권들은 믿음으로 인한 은혜로 말미암은 것입니다.

누구도 행위로 얻어낼 수 없습니다. 다른 사람보다 더 나은 지위를 가진 사람도 없습니다.

모든 사람이 동일한 의와 동일한 특권과 동일한 신분을 가집니다. 모두 은혜로 받는 것이기 때문입니다.

아브라함의 믿음이 로마서 4:18-21에 묘사되어 있습니다. "아브라함이 바랄 수 없는 중에 바라고 믿었으니 이는 네 후손이 이 같으리라 하신 말씀대로 많은 민족의 조상이 되게 하려 하심이라"

이 얼마나 놀라운 선언입니까! 믿음이 소망과 싸워서 이겼습니다.

소망은 늘 미래입니다. 믿음은 언제나 현재입니다.

소망으로는 아브라함이 아들을 얻지 못했을 것입니다. 그러나 믿음이 소망과 싸워 이겨 그 보상으로 이삭을 얻었습니다.

"그가 백세나 되어 자기 몸이 죽은 것 같고 사라의 태가 죽은 것 같음을 알고도 믿음이 약하여지지 아니하고 믿음이 없어 하나님의 약속을 의심하지 않고 믿음으로 견고하여져서 하나님께 영광을 돌리며 약속하신 그것을 또한 능히 이루실 줄을 확신하였으니"롬 4:19-21

믿음의 아름다운 그림입니다. 아브라함이 의지한 것은 오직 천사가 전한 말씀뿐이었습니다.

그러나 그는 그 말씀을 믿었습니다. 자기 몸을 보며 스스로에게 말했습니다. "이제 내 나이가 99세가 되어 아버지가 될 수 있는 나이는 지나 버렸구나."

90세가 된 사라를 떠올렸습니다. 그는 그녀가 아이를 낳기에는 너무 늙었다는 것을 알고 있었습니다.

그러나 그는 감각의 증거에서 시선을 돌려 천사를 통해 말씀하신 하나님의 말씀을 바라보았습니다. 그는 믿음으로 견고해져서 하나님께 영광을 돌렸습니다. 그는 의심하지 않고 담대하게 말했습니다. "하나님께서는 약속하신 바를 능히 이루실 수 있다."

이것은 감각지식의 믿음이 아닙니다. 이것은 계시 믿음입니다. 이런 믿음은 바울이 계시 가운데 우리에게 전해준 그런 종류의 믿음입니다.

22절을 주목하여 보십시오. "그러므로 그것이 그에게 의로 여겨졌느니라"

그는 우리가 가진 의를 가지지 못했습니다. 의롭다고 인정을 받았을 뿐입니다.

"그에게 의로 여겨졌다 기록된 것은 아브라함만 위한 것이 아니요 의로 여기심을 받을 우리도 위함이니 곧 예수 우리 주를 죽은 자 가운데서 살리신 이를 믿는 자니라. 예수는 우리가 범죄한 것 때문에 내줌이 되고 또한 우리가 하나님과 바로 서게 하시기 위하여 살아나셨느니라"롬 4:23-25, 저자 직역 바울의 계시는 하나님께서 그리스도 안에서 완벽한 속량을 이루셨다는 것을 보여줍니다.

"그가 우리를 흑암의 권세에서 건져내사 그의 사랑의 아들의 나라로 옮기셨으니 그 아들 안에서 우리가 속량 곧 죄 사함을 얻었도다" 골 1:13-14

"우리는 그리스도 안에서 그의 은혜의 풍성함을 따라 그의 피로 말미암아 속량 곧 죄 사함을 받았느니라" 엡 1:7

"곧 이 때에 자기의 의로우심을 나타내사 자기도 의로우시며 또한 예수 믿는 자를 의롭다 하려 하심이라" 롬 3:26

속량은 사탄의 지배로부터의 속량입니다. 유죄 판결과 죄의 형벌로부터의 속량입니다.

속량은 우리 몸이 질병의 지배로부터 벗어나는 속량입니다.

그것은 그리스도 예수 안에서 창조된 새로운 피조물의 계시입니다.

우리가 그리스도를 우리의 구원자로 받아들이고 그분을 우리 주님이라고 고백할 때 그것이 실재가 됩니다.

하나님께서 자연인에게 그분의 생명과 본성을 주십니다.

"그런즉 누구든지 그리스도 안에 있으면 새로운 피조물이라 이전 것은 지나갔으니 보라 새 것이 되었도다" 고후 5:17

"오직 너희의 심령이 새롭게 되어 하나님을 따라 의와 진리의 거룩함으로 지으심을 받은 새 사람을 입으라" 엡 4:23-24

이러한 새로운 피조물의 계시는 하나님의 은혜 중 가장 놀라운 사실입니다.

하나님께서는 사탄의 지배 아래에서 "죄"라 불리는 한 사람(그는 사탄과 동일시되어 있으며 사탄의 자녀입니다)을 속량하고 그 상황에서 빼내어 하나님 자신의 본성을 부여하여 그분의 자녀로 삼으실 수 있습니다.

요한일서 5:12-13은 그 사람이 어떤 것을 갖게 되었는지 보여줍니다.

"아들이 있는 자에게는 생명이 있고 하나님의 아들이 없는 자에게는 생명이 없느니라 내가 하나님의 아들의 이름을 믿는 너희에게 이것을 쓰는 것은 너희로 하여금 너희에게 영생이 있음을 알게 하려 함이라"

"진실로 진실로 너희에게 이르노니 믿는 자는 영생을 가졌나니"요 6:47

믿는 자는 소유한 자입니다. 소유함 없는 믿음이란 존재할 수 없습니다.

만일 내가 하나님께서 나의 죄들을 예수님께로 옮기셨다는 것을, 예수님께서 나의 대속물이 되셨다는 것을, 그분께서 나 대신 죽으셨다는 것을, 그분께서 내 죄를 치워버리시고 나를 위하여 의로움을 얻으시고 부활하셨다는 것을 믿는다면, 내가 믿는 그 순간 나는 영생을 얻고 하나님의 자녀가 되는 것입니다.

믿는 것은 갖는 것입니다.

그 후에 그분께서 우리에게 의를 주십니다. 예수님을 믿는 사람들이 가질 수 있게 된 하나님의 의에 대한 계시가 바로 이런 것입니다.롬 3:21-26

그리스도를 자신의 구원자와 자신의 생명의 주님으로 모신 사람에게는 하나님께서 그의 의가 되십니다.

"하나님이 죄를 알지도 못하신 이를 우리를 대신하여 죄로 삼으신 것은 우리로 하여금 그 안에서 하나님의 의가 되게 하려 하심이라"고후 5:21

하나님께서 우리의 의가 되실 뿐 아니라, 그분의 본성을 부여받은 우리도 그분의 의가 됩니다. 그분의 아들과 딸이 됩니다.

"나의 의인은 믿음으로 말미암아 살리라"히 10:38

우리는 그분의 의로운 자로 불립니다.

우리는 하나님의 의가 되었을 뿐 아니라 하나님의 아들과 딸이 되었습니다.

하나님께서 바울에게 주신 계시의 절정이 로마서 8:14-17에 명확하게 설명되어 있습니다.

"무릇 하나님의 영으로 인도함을 받는 사람은 곧 하나님의 아들이라 너희는 다시 무서워하는 종의 영을 받지 아니하고 양자의 영을 받았으므로 우리가 아빠 아버지라고 부르짖느니라 성령이 친히 우리의 영과 더불어 우리가 하나님의 자녀인 것을 증언하시나니 자녀이면 또한 상속자 곧 하나님의 상속자요 그리스도와 함께 한 상속자니 우리가 그와 함께 영광을 받기 위하여 고난도 함께 받아야 할 것이니라"

아들의 권리는 모든 영광스런 축복들을 포함하는 것입니다.

바울은 여기서 멈추지 않습니다. 하나님의 아들과 딸은 하나님의 본성만 부여 받는 것이 아니라 성령님의 인격 안에 있는 하나님 그 자체를 부여 받는 것입니다.

"예수를 죽은 자 가운데서 살리신 이의 영이 너희 안에 거하시면 그리스도 예수를 죽은 자 가운데서 살리신 이가 너희 안에 거하시는 그의 영으로 말미암아 너희 죽을 몸도 살리시리라"롬 8:11

"너희 몸은 너희가 하나님께로부터 받은 바 너희 가운데 계신 성령의 전인 줄 알지 못하느냐 너희는 너희 자신의 것이 아니라"고전 6:19

이 모든 것은 믿음으로 신자들에게 주어집니다.

여기에 감각지식의 믿음은 전혀 관계가 없습니다.

당신이 거듭났다는 증거로 어떤 느낌도 필요하지 않습니다.

필요한 것은 오직 하나님의 말씀입니다.

로마서 10:9이 선언합니다. "네가 만일 네 입으로 예수를 주로 시인하며 또 하나님께서 그를 죽은 자 가운데서 살리신 것을 네 마음에 믿으면 구원을 받으리라"

당신이 성령님을 받았다는 것을 증명하기 위해 감각지식의 증거는 필요하지 않습니다.

"너희가 악할지라도 좋은 것을 자식에게 줄 줄 알거든 하물며 너희 하늘 아버지께서 구하는 자에게 성령을 주시지 않겠느냐 하시니라" 눅 11:13

당신의 확신은 육체적인 현상이나 육체적인 증거에 있지 않습니다. 그것은 늘 단순한 하나님의 말씀 안에 있습니다.

"대저 하나님의 모든 말씀은 능하지 못하심이 없느니라" 눅 1:37

이 능력 있는 구절들이 믿음의 근거를 제공합니다.

우리가 그리스도 안에서 어떤 존재인지를 알 때 우리는 확신을 가지게 됩니다.

불신은 대부분 우리가 그리스도 안에서 어떤 존재인지에 대한 무지함의 결과입니다.

하나님께서 그리스도 안에서 내게 하신 일들을 알게 되었을 때 나는 흥분에 휩싸였습니다. 부지불식간에 믿음이 사실이 되었고, 나는 믿음을 가지고 있었습니다. 그분께서 나를 위해 행하셨습니다. 나는 "아버지, 감사합니다."라고 말하고 그리스도 안에 있는 내 모든 권리들을 누리기 시작했습니다.

제 6 장

믿음의 적들

아름다워 보이는 믿음의 적들을 드러내지 않고서는 이 책은 완성될 수 없습니다. 그 첫 번째는 "소망"입니다.

소망

소망은 언제나 미래입니다.
"내가 치유 받으면 좋겠다."
"청구서들을 해결할 돈이 생기면 좋겠다."
"내 일을 할 수 있는 힘이 있으면 좋겠다."
이것이 믿음의 적입니다. 믿음을 가로막습니다.
내가 당신에게 "내가 당신을 위해 기도하면 당신이 치유 받게 될까요?"라고 묻는다고 합시다. 당신이 "그러면 좋겠어요."라고 한다면, 당신이 치유 받지 못할 것이라는 뜻입니다.

치유는 소망에 있지 않습니다. 믿음이라는 주제에 있어서 소망은 늘 착각일 뿐입니다.

믿음은 늘 현재 시제입니다. 소망은 늘 미래이므로 믿음의 방해 요소가 됩니다.

우리에게는 천국 소망이 있습니다. 우리가 천국에 가면, 더 이상 소망을 갖지는 않을 것입니다.

지적 동의

지적 동의는 또 다른 적인데, 아주 노련하고 위험한 적입니다.

지적 동의는 성경 전체가 진리라는 것을 인정합니다. 지적 동의는 성경의 모든 말들을 다 믿는다고는 하지만, 그렇게 행하지는 않습니다. 그냥 단순히 그것이 진리라는 사실에 동의할 뿐입니다.

암에 걸린 한 여성을 위해 기도 요청을 받은 적이 있습니다. 그녀와 그녀의 남편은 오랫동안 성경을 가르치는 일에 유명한 사람들이었습니다.

내가 옆에 앉아서 성경을 펴자 그녀는 계속 이렇게 말했습니다. "난 이미 그것을 믿고 있어요. 그 구절은 내가 어렸을 때부터 알던 거예요."

그 집을 나설 때 나는 당황스럽고 패배한 느낌이었습니다. 나는 어디서 어떻게 잘못되었는지 이해할 수가 없었습니다. 집에 도착해서 방 안을 이리저리 걸어 다니며 주님께 여쭈었습니다. "주님, 왜 그녀는 치유되지 않습니까? 그녀는 좋은 사람입니다. 그녀는 당신의 말씀을 믿는다고 말했고 실제로 오랫동안 말씀 교사로 섬겨왔습니다."

그러자 성령님께서 내게 그녀가 단지 말씀에 지적으로 동의하고 있을 뿐이라는 것을 알게 해주셨습니다. 그녀는 말씀을 믿지 않았습니다! 믿는 것은 말씀대로 행동하는 것입니다. 그녀는 치유 받기 위해 말씀대로 행한 적이 없었습니다.

며칠 후 나는 그 집에 다시 방문했습니다. 이제 나는 그녀의 상황을 이해하고 있었습니다.

내가 말씀을 펴자 그녀가 말했습니다. "나는 평생 그것을 믿어왔어요." 내가 말했습니다. "아니요, 당신은 한 번도 그것을 믿은 적이 없어요. 당신이 믿었다면 침대에서 일어나 당신이 해야 할 일들을 하고 있을 거예요. 당신은 그저 지적 동의를 하고 있던 거예요."

그리고 나는 다시 말씀을 열었습니다. 그녀가 말했습니다. "맞아요. 나는 믿지 않았어요. 이제 내가 전혀 믿지 않고 있었다는 것을 알게 되었어요. 나는 늘 동의만 하고 있었던 거예요."

믿음 대신 지적 동의를 가지고 있는 사람들을 만나는 것은 그리 어렵지 않습니다. 그들은 교리나 신조로 말씀의 실재를 대신하고 있습니다.

감각지식의 믿음

감각지식의 믿음은 감각의 증거를 요구합니다.

이런 종류의 믿음을 가졌던 도마는 이렇게 말했습니다. "내가 그의 손의 못 자국을 보며 내 손가락을 그 못 자국에 넣으며 내 손을 그 옆구리에 넣어 보지 않고는 믿지 아니하겠노라."

그 후 예수님께서 그에게 갑자기 나타나셔서 말씀하셨습니다.

"여드레를 지나서 제자들이 다시 집 안에 있을 때에 도마도 함께 있고 문들이 닫혔는데 예수께서 오사 가운데 서서 이르시되 너희에게 평강이 있을지어다 하시고 도마에게 이르시되 네 손가락을 이리 내밀어 내 손을 보고 네 손을 내밀어 내 옆구리에 넣어 보라 그리하여 믿음 없는 자가 되지 말고 믿는 자가 되라 도마가 대답하여 이르되 나의 주님이시요 나의 하나님이시니이다 예수께서 이르시되 너는 나를 본 고로 믿느냐 보지 못하고 믿는 자들은 복되도다 하시니라" 요 20:24-29

여기서 우리는 두 종류의 믿음이 대조되고 있는 것을 볼 수 있습니다.

성경의 믿음과 감각지식의 믿음이 바로 그것입니다.

예수님께서 이 땅에 계시던 동안 마리아와 마르다, 그 밖의 다른 사람들이 가지고 있던 믿음이 바로 감각지식의 믿음이었습니다. 그들은 예수님께서 행하시던 기적들을 보고 예수님을 믿었습니다.

유대인들이 말했습니다. "네가 이런 일을 행하니 무슨 표적을 우리에게 보이겠느냐?" 요 2:18

이러한 감각지식의 믿음이 진정한 믿음을 교회에서 내몰아 버렸습니다.

이런 종류의 믿음은 말씀을 올바로 취급하지 않습니다. 사람들은 성경을 가지고 교회에 가지만 그것을 신뢰하지 않습니다. 그들은 그들의 느낌을 신뢰하고 감정을 신뢰하고 보고 듣고 맛보고 냄새 맡을 수 있는 것만 신뢰합니다.

진정한 믿음은 감각의 증거들과 상관없이 말씀에 근거해서 행동하는 것입니다.

불신에는 두 종류가 있습니다.

첫 번째 종류는 지식의 부족으로 생기는 불신입니다. 사람들이 말씀을 믿지 않는 것은 그들이 말씀에 대해 무지하기 때문입니다. 그래서 자신에게 주신 아버지의 계시를 믿지 않습니다.

수많은 불신자들이 믿어야 할 것들을 알지 못하고 있습니다.

그들은 알지 못하기 때문에 믿지 못합니다.

두 번째 종류는 히브리서 4:11에 언급되어 있습니다. 그것은 고집입니다. "그러므로 우리가 저 안식에 들어가기를 힘쓸지니 이는 누구든지 저 순종하지 아니하는 본에 빠지지 않게 하려 함이라"(원문의 단어는 킹제임스 버전에서는 "불신"이라고 번역되어 있지만, ASV에는 "불순종"으로 번역되었는데, 원래 의미는 "고집"입니다.)

말씀이 지배하는 것을 허락하려고 하지 않는다는 의미입니다. 가지고 있는 지식대로 행동하기를 거절하는 것입니다.

말씀이 가르치는 바는 알고 있지만, 그대로 행동하기를 거절하는 것입니다.

믿는 것은 의지의 행동입니다.

의지가 있다면 말씀대로 행동할 수 있습니다.

"믿음"은 하나님의 뜻을 행하려고 "작정"하는 것입니다.

불순종은 말씀에 대해 고집을 부리고 설득되려고 하지 않는 태도입니다.

그러므로 불신은 말씀에 대한 무지함이거나 말씀대로 행하지 않는 고집입니다.

제 7 장

자신의 믿음에 대한 믿음

 당신 자신의 믿음에 대하여 믿음을 갖는 것은 영의 영역에서의 성공 법칙입니다.
 당신은 말씀 안에 거하고 말씀은 당신 안에 거합니다.
 말씀은 살아있는 존재입니다.
 당신 안에 말씀을 풀어놓는 것은 당신 안에 하나님을 풀어 놓는 것입니다.
 당신이 담대하게 말씀을 행하고 말씀을 말할 때, 당신이 말하는 그 말씀 안에 하나님이 계십니다.
 말씀이 지배력을 갖게 되면, 그분을 신뢰하는 당신의 능력에 대해 부지불식간에 믿음이 생깁니다. 당신은 말 그대로 그분을 신뢰하게 될 것이고 그분의 말씀의 한계까지 도달하게 될 것입니다.
 한 사람이 자신을 포기하고 말씀에 내어 드리는 것은 진정

아름다운 일입니다. 진정한 자유 가운데서 행하며 하나님을 그 안에 풀어놓아 "너희 안에 계신 이가 세상에 있는 자보다 크심이라"라는 말씀이 말 그대로가 되는 것은 정말이지 흥분되는 실재입니다.

고린도전서 2:12은 우리가 이미 성령을 받은 것은 하나님께서 우리에게 공짜로 주신 것을 알게 하기 위함이었다고 말합니다. "우리가 세상의 영을 받지 아니하고 오직 하나님으로부터 온 영을 받았으니 이는 우리로 하여금 하나님께서 우리에게 은혜로 주신 것들을 알게 하려 하심이라"

당신의 신분과 당신의 권리와 당신의 특권과 당신의 권세를 알아야 합니다.

그러면 더 이상 믿음에 아무 문제가 없을 것입니다.

믿음은 오직 우리가 주님을 알지 못하고 말씀을 알지 못할 때에만 문제입니다.

당신 안에 계신 하나님께 자리를 양보하십시오.

당신 안에 계신 하나님을 기대하십시오.

아침에 일어나기 전에 말하십시오. "하나님께서 내 안에 계시므로 나는 할 수 있다. 하나님께서 내가 이 사람들을 만날 수 있게 하신다. 내가 말씀을 말할 수 있게 하신다. 하나님께서 내가 사랑가운데 행하게 하신다. 나를 둘러싼 질투나 미움보다 내 안에 있는 사랑이 더 크기 때문이다."

그냥 당신 안에 계신 하나님을 기대하십시오.

업무 계획에 앞서서 당신이 해낼 수 있게 하시는 하나님의 능력을 먼저 인식하십시오.

하나님께서 살아있는 실재가 되셨습니다.

하나님께서 거기 계십니다.

하나님께서 당신의 요청을 기다리고 계십니다.

당신의 필요가 요구되면, 하나님께서 스스로를 드러내십니다.

하나님께서 모든 진리 혹은 실재 가운데로 당신을 인도하실 것이라는 것을 기대하십시오.

언제라도 당신이 잠시 말씀을 붙잡기만 하면, 당신 안의 빛이 그 말씀을 열어 살아있는 것이 되도록 만들어 줍니다.

요한복음 16:13은 절대적으로 진리입니다.

"그러나 진리의 성령이 오시면 그가 너희를 모든 진리 가운데로 인도하시리니"

성령님께서 아버지의 것들을 가져와 당신에게 드러내실 것입니다.

당신의 입술로 고백할 때 의식적으로 그 이름에 확신을 가지십시오.

당신이 "예수 이름으로, 귀신아, 그에게서 나와라."라고 말하면 그 귀신이 나올 수밖에 없습니다.

당신이 질병에게 그치기를 명하면 그 질병은 그치게 됩니다.

당신의 재정적인 필요를 채우는데 예수 그리스도의 이름을 사용한다면, 아버지께서 보좌에 앉아계시는 것이 확실한 만큼 그 돈도 확실히 들어오게 될 것입니다.

당신의 입술에 있는 하나님의 말씀은 잃어버린 자들을 구원하며, 병든 자들을 고치고, 연약한 자들에게 용기와 힘을 주며, 패배한 자들에게 승리를 줄 것입니다.

전에는 하나님의 말씀이 예수님의 입술에 있었습니다.

지금은 하나님의 말씀이 당신의 입술에 있습니다.

예수님께서는 그분의 입술에 있는 하나님의 말씀을 믿으셨습니다.

우리 심령 가운데 말씀이 우세하게 될 때 인생이 얼마나 풍요롭고 아름답게 변하는지요!

당신의 믿음이 역사한다는 것을 알게 되는 그 날, 당신의 목소리가 사랑이신 그분의 귀에 도달할 수 있게 하는 자신의 능력을 믿게 되는 그 날은 당신에게 위대한 날이 될 것입니다.

당신의 기도가 응답된다는 것을, 하나님께서 들으신다는 것을, 더 이상 다른 사람의 믿음에 의지할 필요가 없다는 것을 알게 된다면, 당신은 자신의 것을 소유하게 된 것입니다.

반복해서 계속 말하십시오. "마침내 내 믿음에 믿음을 가졌다. 다른 사람들처럼 나도 하나님께 도달할 수 있다."

누군가 사랑하는 사람이 공격을 받는다면, 이제 담대하게 당신의 권리를 취하여 적에게서 그들을 구출하십시오. 당신의 기도가 승리합니다. 당신의 믿음이 이깁니다.

이제 다른 사람들처럼 당신도 예수 이름을 사용할 수 있습니다.

마침내 그 이름이 당신 것이 되었고, 그와 함께 그 이름의 "모든 권세"가 당신의 것입니다. 이제 당신의 것을 담대하게 사용할 수 있습니다. 하나님께서 그 이름을 사용할 수 있는 권리를 당신에게 주셨습니다. 이제 사용하면 됩니다.

그러나 사용법을 알지 못하면 지식은 아무 소용이 없습니다.

이제 아버지 앞에서의 당신의 위치를 알고, 당신의 특권을 압니다. 이제 당신의 역할을 하십시오.

다른 사람의 믿음에 대한 믿음

대규모 집회에서 집단적인 믿음으로 치유 받는 사람들 거의 대부분 받은 치유를 유지하지 못합니다.

이유는 분명합니다. 개인적인 믿음이 없기 때문입니다. 다른 사람의 믿음에 기댄 믿음만 가졌을 뿐입니다.

최근 로스앤젤레스를 방문하던 중에 하나님께서 위대하게 사용하시는 한 사역자가 내게 말했습니다. "왜 내가 오래된 친구들을 위해 기도한 것들이 응답 받지 못하는지 모르겠어요. 내가 기도할 때마다 그들은 치유를 받곤 했는데도 말이에요."

내가 말했습니다. "문제는 아픈 사람들이 마땅히 스스로 기도해야 할 시점에도 여전히 다른 사람들의 기도를 필요로 하고 있다는 것이지요."

히브리서 5:12-13 말씀과 똑같습니다. "때가 오래 되었으므로 너희가 마땅히 선생이 되었을 터인데 너희가 다시 하나님의 말씀의 초보에 대하여 누구에게서 가르침을 받아야 할 처지이니 단단한 음식은 못 먹고 젖이나 먹어야 할 자가 되었도다 이는 젖을 먹는 자마다 어린 아이니 의의 말씀을 경험하지 못한 자요"

젖을 먹는 자는 감각의 영역에 거하며 믿음 대신 감각의 증거에 의지하여 살아갑니다. 그들은 의의 말씀을 경험하지 못했습니다. 아직 어린아이입니다.

이게 무슨 뜻입니까?

오랫동안 다른 사람의 믿음으로 치유를 받아온 사람들이 이제 하나님께서 그들 스스로의 믿음을 요구하시는 단계에 이르게 된 것입니다.

그들이 하나님의 말씀을 공부하려 하지 않고 믿음 생활을 개발하려고 하지 않는다면, 자연히 그들은 "사람의 도움"을 의지한 채 그 결과로 고통을 당하는 것입니다.

하나님께서는 우리 각 사람이 의의 말씀을 경험하기를 기대하십니다. 다른 말로 하면, 아픈 친구들을 위해 기도하고, 말씀을 선포하여 그리스도께 사람들을 인도하며, 말씀을 드러내는 것을 우리가 체험하기를 기대하시는 것입니다.

그것은 모든 믿는 자 각 사람에게 속한 것입니다.

"우리로 하여금 빛 가운데서 성도의 기업의 부분을 얻기에 합당하게 하신 아버지께 감사하게 하시기를 원하노라" 골 1:12

좀 더 분명하게 번역해 보겠습니다.

"우리로 하여금 빛 가운데서 성도의 기업 중 자기 몫을 누리는 능력을 주신 아버지께 감사하게 하시기를 원하노라"

하나님께서 당신을 어둠의 권세에서 구출해 내셨습니다.

하나님께서 당신의 영을 재창조하셨습니다.

이제 하나님께서는 당신이 그리스도 안에서 가진 특권과 권리를 이해할 수 있도록 당신의 생각을 새롭게 하시려고 하십니다.

그것은 당신에게 속한 것입니다. 당신은 권리를 가지고 있습니다.

다른 누군가의 믿음에 기대는 대신에 이제 당신이 그것을 누려야 마땅합니다.

당신은 이미 자신의 믿음을 가지고 있습니다.

이 책을 읽는 사람들이 "하나님의 은혜로, 나는 내 자신의 믿음을 갖겠다"고 분명하게 선언한다면 그것은 내게 대단한 영광이 될 것입니다.

당신은 권리를 가지고 있습니다. 당신에게 속한 것입니다.

당신도 내가 가진 동일한 성령님을 가지고 있고, 그 성령님은 예수님께서 가지셨고 사도들이 가졌던 성령님과 같은 분입니다.

당신은 똑같은 영생, 똑같은 의, 똑같은 능력을 가지고 있습니다.

아버지께는 편애가 없습니다.

이 모든 것이 우리 각 사람에게 속한 것이며, 그래서 우리는 헛되거나 열매 없을 필요가 없습니다.

"하나님이 능히 모든 은혜를 너희에게 넘치게 하시나니 이는 너희로 모든 일에 항상 모든 것이 넉넉하여 모든 착한 일을 넘치게 하게 하려 하심이라"고후 9:8

그리고 10절에 이어서 말씀합니다. "심는 자에게 씨와 먹을 양식을 주시는 이가 너희 심을 것을 주사 풍성하게 하시고 너희 의의 열매를 더하게 하시리니"

당신이 가진 의는 당신이 거듭날 때 받은 아버지의 본성에 포함되어 당신에게 부여되었습니다.

그 의가 당신의 매일의 삶 가운데 열매를 맺는 것이 당연합니다.

당신은 보좌 앞에서 법적인 자신의 신분을 사용하고 그리스도 안에 있는 권리를 사용해서 아픈 사람들과 궁핍한 사람들을 위해 기도하기 시작해야 합니다.

당신은 바울이 가졌던 것과 똑같은 하나님 앞에서의 법적인 신분을 가졌고, 똑같은 의를 소유했습니다. 이제 더 이상 말 아래 당신의 빛을 숨기는 것에 변명이 있을 수 없습니다.

그리스도 안에서 당신이 어떤 존재인지 증거하기 시작하십시오.

제 8 장

일치하는 행동

웨이머스 번역본 성경을 보면 야고보서 2:14을 충격적으로 표현하고 있습니다. "내 형제들아, 만일 사람이 믿음이 있노라 말하면서 그 행동이 일치하지 않는다면 무슨 유익이 있으리요?"

"너희가 알거니와 그의 믿음이 따르는 행함과 합하여지면 그 행위로 말미암아 그의 믿음이 완전해지는 것이라"약 2:22

많은 신자들이 저지르는 가장 심각한 실수 중 하나가 말씀에 대한 그들의 믿음을 고백하긴 하지만 그와 동시에 잘못된 행동으로 자신의 고백을 부정해 버리는 것입니다.

한 여성이 내게 말했습니다. "저는 왜 제가 치유 받지 못하는지 이해할 수가 없어요. 저는 기도하고 또 기도했어요. 저는 성경이 진리라는 것을 알고 있는데 말이에요."

내가 그녀에게 물었습니다. "계속 약을 복용하고 있나요?"

"오, 그럼요." 그녀가 말했습니다.

그래서 나는 방금 인용했던 그 구절을 그녀에게 읽어주었습니다. 그녀의 행동이 그녀의 고백과 일치되지 않았던 것입니다. 그녀는 주님을 신뢰하고 있다고 말했지만, 실제로 그녀가 신뢰하고 있던 것은 하나님의 말씀이 아닌 약이었습니다.

우리는 우리의 재정에 대해 아버지를 신뢰한다고 말하지만 그와 동시에 지불해야 할 돈들에 대해서 걱정하고 조바심 내고 있습니다.

하나님의 말씀은 어느 것도 무효가 될 수 없다고, 하나님께서는 우리에게 하신 말씀을 꼭 지키신다고, 그분께서 그렇게 하실 것이라고 고백해 놓고는 곧바로 방금 한 고백들을 모조리 부정해 버립니다.

야고보는 우리에게 일치되는 행동이 있어야 한다고 말하고 있습니다.

"너희는 말씀을 행하는 자가 되고 듣기만 하여 자신을 속이는 자가 되지 말라"약 1:22

"말씀을 행하는 자"의 행동은 그의 고백과 일치합니다.

예수님께서 말씀하셨습니다. "그러므로 누구든지 나의 이 말을 듣고 행하는 자는 그 집을 반석 위에 지은 지혜로운 사람 같으리니 비가 내리고 창수가 나고 바람이 불어 그 집에 부딪치되 무너지지 아니하나니 이는 주추를 반석 위에 놓은

까닭이요 나의 이 말을 듣고 행하지 아니하는 자는 그 집을 모래 위에 지은 어리석은 사람 같으리니 비가 내리고 창수가 나고 바람이 불어 그 집에 부딪치매 무너져 그 무너짐이 심하니라" 마 7:24-27

그리스도를 고백하고 창세기부터 계시록까지의 모든 말씀을 믿는다고 많은 말들을 쏟아내고는 있지만, 정작 말씀을 행하지는 않는 경우가 정말 많습니다. 그들은 말씀에 관해 이야기하는 자입니다. 그들은 말씀이 진리라고 지적으로 동의하고 있을 뿐입니다.

그런 것은 아무 유익이 없습니다. 그들은 아무것도 소유할 수 없습니다.

내가 전심으로 말씀을 의지하고 감각의 이성에 의존하기를 그만둘 때, 다른 사람의 도움을 구하는 것을 그만둘 때, 거기에 일치하는 행동이 존재합니다.

나의 행동은 나의 고백과 완벽하게 조화를 이룹니다.

우리 중 어떤 사람들은 그 행동이 고백과 일치되기까지 오랜 시간이 걸릴 수 있습니다.

행동이 일치되기 전까지는 계속 실패만 거듭될 뿐입니다.

하나님께서 나의 힘이시라고 기뻐 소리치며 고백할지라도, 그와 동시에 나의 약함과 나의 무능함과 믿음 없음을 이야기할 수 있습니다.

일치하는 행동은 존재하지 않는 것입니다. 그것은 주님을 의지하는 대신 완전히 인간적인 방법에만 매달리는 것입니다.

이런 일이 내 영에 혼란을 야기하고 또 내 삶에 약함과 실패를 가져 오게 됩니다.

마음을 다잡고 베드로전서 5:7을 봅시다. "너희 염려를 다 주께 맡기라 이는 그가 너희를 돌보심이라"

환경과 상관없이, 다른 영향들과 상관없이, 모든 문제를 주님께 맡깁시다.

당신의 가장 끔찍한 원수는 당신 자신입니다. 감각지식 때문에 당신이 가지고 있는 능력이 제한 받고 있습니다.

감각의 언어는 이렇게 말합니다. "난 할 수 없어, 난 능력이 없어, 난 힘이 없어, 난 기회가 없어, 난 배우지 못했어, 난 한계가 있어."

믿음의 언어는 이렇게 말합니다. "내게 능력 주시는 그분 안에서 내가 모든 것을 할 수 있다."

내게 능력 주시는 분이 누구십니까? 나의 아버지 하나님이십니다.

내가 그분을 통해 모든 것을 할 수 있습니다. 나는 정복당할 수 없습니다. 나는 패배할 수 없습니다.

온 세상 모든 힘을 다 모아도 내 안에 계신 그분을 이길 수 없습니다.

내가 하나님으로부터 태어나 하나님의 생명과 본성을 받은 자가 되었을 뿐 아니라, 하나님께서 이제 내 안에 계시며, 예수님을 죽은 자들 가운데서 다시 살리신 성령님께서 내 안에 살고 계십니다.

나는 하나님의 지혜와 하나님의 힘과 하나님의 능력을 가졌습니다.

나는 지금 주님으로 하여금 내 지성을 다스리시게 하고, 내가 주님의 생각으로 생각하며, 내 입을 주님께서 사용하시도록 하는 것을 배워가고 있습니다. 나는 주님을 따라 그분의 생각으로 생각하려고 하고 있습니다.

나는 감히 내 안에서 역사하고 계시는 분이 바로 하나님이시며, 기꺼이 그렇게 역사하실 것을 믿습니다.

나는 내 오래된 적들, 즉 실패, 약함, 부족함, 기회 없음, 무식함, 힘 센 친구가 없음 외에도 수천 가지의 다른 많은 이유들 앞에서 "하나님이 나의 능력이시다"라고 담대하게 선포합니다.

하나님께서 나를 적들보다 위대하게 만드셨습니다.

하나님께서 나를 약함과 두려움과 무능함이라는 적들의 목을 밟게 하셨고, 나는 이제 일어나 서서 누구든 주님을 믿는 자들은 부끄러움을 당하지 않는다고 선포하고 있습니다.

나는 부끄러움을 당할 수 없습니다.

내 약함은 완전히 패배했습니다.
하나님의 힘이 나의 것입니다.
하나님의 능력이 나를 사로잡아 나로 하여금 복수하게 하십니다.
이것이 믿음의 말이고, 또한 실제로 일치하는 행동입니다.

제 9 장

마음으로 믿어

오랫동안 나는 로마서 10:10에 대한 만족스러운 설명을 찾아 다녔습니다. "사람이 마음heart으로 믿어 의에 이르고"

마음heart:심령이라는 단어는 심장heart이 사람의 생명의 중심이라는 것을 염두에 두고 사용된 것입니다. 심장은 사람의 육체가 살아있도록 하기 위한 펌프 장치입니다.

그러나 하나님께서 마음heart:심령이라고 말씀하실 때 그것은 인간의 영을 의미한다는 것을 알고 있어야 합니다.

우리는 사람이 영이라는 것을 알고 있습니다.

그는 하나님과 동일한 등급에 속해 있습니다.

우리는 하나님은 영이시며, 그분께서 사람이 되셔서 사람의 몸을 입으셨다는 것과 또 사람이 되신 그분께서는 육체를 입으시기 전과 전혀 다름이 없는 하나님의 본체이셨음을 알고 있습니다.

우리는 사람이 죽음에 이르러 육체를 떠날 때에도, 육체 안에 있을 때와 다름이 없는 그 사람임을 알고 있습니다.

우리는 감각지식으로는 하나님을 알 수 없다는 것을 알고 있습니다.

하나님께서는 오직 영을 통해서만 사람에게 드러내십니다.

하나님을 만나는 것은 바로 사람의 영입니다.

우리는 영적인 것들이 물질적인 것들과 마찬가지로 실제임을 알고 있습니다.

하나님께서는 마치 육체를 가지신 것처럼 실재하시는 인격체이십니다.

지금 육체를 가지고 하늘에 계신 예수님의 존재가 실제적인 것처럼 성령님과 아버지 또한 실제적인 분입니다.

베드로전서 3:4에서 우리의 영은 "마음heart:심령에 숨은 사람"이라 불립니다.

로마서 7:22에서는 "속사람"이라 불립니다.

이러한 "속사람"과 "숨은 사람"은 하나님께서 정의하시는 인간의 영입니다.

사람의 실제는 영입니다.

사람은 몸과 혼을 가지고 있습니다.

혼은 지적인 영역과 접촉하고, 몸은 물질의 영역과 접촉하고 있으며, 영은 영적인 영역과 접촉하고 있습니다.

이러한 사실로 고린도전서 2:14의 이유를 설명할 수 있습니다. "육에 속한 사람은 하나님의 성령의 일들을 받지 아니하나니 이는 그것들이 그에게는 어리석게 보임이요, 또 그는 그것들을 알 수도 없나니 그러한 일은 영적으로 분별되기 때문이라"

고린도전서의 처음 두 장은 감각지식과 영적 지식 혹은 감각과 영을 대조하여 설명하고 있습니다.

계시지식 외에는 사람의 모든 지식이 마음mind의 다섯 가지 문을 통해서만 얻어진다는 것을 이해해야 합니다.

오감은 물질적인 것들과 지적인 것들 사이에서의 소통 수단입니다.

이런 오감을 통하지 않고는 마음mind에 어떤 것도 들어올 수 없습니다. 이 주제에 관해서는 『두 가지 지식』 2015, 믿음의말씀사 이란 책에서 더 자세히 다루고 있습니다.

만약 오감이 모두 파괴되면 지식을 전혀 받아들일 수 없게 됩니다. 그런 사람은 자기 자신도 알지 못하고 물질세계를 전혀 알지 못하게 됩니다.

"그러므로 우리가 낙심하지 아니하노니 우리의 겉사람은 낡아지나 우리의 속사람은 날로 새로워지도다" 고후 4:16

"그의 영광의 풍성함을 따라 그의 성령으로 말미암아 너희 속사람을 능력으로 강건하게 하시오며" 엡 3:16

사람이 거듭나면 그의 영에 즉 그의 속사람에 영생이 부여됩니다.

성령께서 그의 몸에 들어오신 것은 그의 영 안에 들어와 거하시는 것입니다.

성령님은 우리의 마음mind과 직접적으로 소통하실 수 없습니다. 다만 우리의 지적인 부분에 닿아 있어서 영향을 미치는 우리의 영을 통하여 소통하셔야만 합니다.

영은 음성을 가지고 있습니다. 우리는 그 음성을 양심, 혹은 예감 또는 인도라고 부릅니다.

때로는 직감이라고도 불립니다. 우리가 어떤 예감을 받았을 때 그것을 따라가면 실수하지 않습니다.(사실 나는 "예감"이라는 단어를 좋아하지는 않지만 보편적으로 자주 사용되는 단어이긴 합니다.)

우리가 속에서 들리는 그 음성을 따랐다면, 잘못 투자해서 돈을 잃지도 않았을 것이고, 그런 사람과 동업을 하지도 않았을 것이고, 그런 사람들과 사업을 하지도 않았을 것임을 우리 모두 알고 있습니다.

내적 음성은 우리의 마음mind을 안내하려고 하는 것입니다.

우리가 우리 영에 우선권을 주는 것을 배운다면 실수를 거의 하지 않게 될 것입니다.

우리의 지적인 문화 가운데서 우리가 저지르는 가장 큰

실수 중 하나가 바로 영을 무시하는 것입니다.

우리의 지적인 지식이 왕좌를 차지하고 우리 영은 감옥에 갇혀 방치되어 왔습니다.

그 결과 우리는 계속 실수를 저지르고 있습니다. 우리 영이 안내해야 하는데, 그렇지 못하게 막고 있기 때문입니다.

지식은 우리가 감각을 통해서 얻기도 하고 독서나 여행이나 누군가의 말을 들으며 얻어집니다.

지혜는 그 지식을 적절하게 사용하는 능력입니다.

지혜는 감각을 통해서 오는 것이 아닙니다.

지혜는 영에서 나옵니다.

야고보는 지혜가 위로부터 온다고 했습니다. 그것은 신령한 지혜 곧 우리에게 주시는 하나님의 지혜입니다.약 3:13-18

영을 꼼짝 못하게 가둬버리고 닫아 버린 사람은 결코 그 음성을 들을 수 없고 순종할 수도 없으며 결국 불구가 되어 이기적이고 음험한 사람들의 쉬운 먹이가 되어버립니다.

영이 주도권을 갖도록 하여 위기의 순간에 영향을 미치도록 하는 사람은 결국 정상에 오르게 됩니다.

"마음heart:심령으로 믿는다"는 것이 무슨 뜻입니까?

그것은 영으로 믿는 것입니다.

우리의 지성으로 믿을 수 없습니다. 논쟁의 여지가 없습니다.

믿음은 영의 산물입니다.

보증이라고도 불리는 이러한 내적 확신은 우리의 영에서 태어난 자녀입니다.

우리는 어떻게 알게 된 것인지 알지 못하고 설명할 수 없지만, 분명 알고 있습니다.

어느 날 내가 한 여성에게 말씀을 전하고 있었는데 그 여성은 아주 고통스러운 질병을 앓고 있었습니다. 내가 차근차근 성경 구절들을 알려주자 그녀가 말했습니다. "이제 알겠어요. 주님께서 채찍에 맞으심으로 제가 나았어요."

내가 물었습니다. "당신이 나은 것을 어떻게 알아요?" 그녀가 대답했습니다. "말씀에 내가 나았다고 선언하고 있으니까요."

감각은 이렇게 말합니다. "네 몸에 아직 염증이 있고 지금도 그 통증을 느낄 수 있어."

그러나 그녀는 감각지식과 감각의 증거들을 밟고 일어나 자신이 치유 받았음을 선언했습니다.

내가 그녀를 위해 기도할 때, 그녀의 믿음이 질병을 몰아내 버렸습니다. 그녀에게 다가왔던 죽음이 사라져 버렸습니다. 그녀가 심령으로 하나님의 말씀을 믿었기 때문에 이런 역사가 일어난 것입니다. 그녀가 영 안에서 그 말씀을 믿었습니다.

우리의 지성은 믿음을 얻을 수 없습니다. 믿음은 말씀을 통해 우리의 영이 취하는 것입니다.

예수님께서 말씀하셨습니다. "예수께서 대답하여 이르시되 기록되었으되 사람이 떡으로만 살 것이 아니요 하나님의 입으로부터 나오는 모든 말씀으로 살 것이라 하였느니라 하시니"마 4:4

예수님께서 말씀하신 것은 영의 양식입니다. 주님께서는 영적인 진리를 전달하기 위해서 감각지식의 표현을 사용하신 것입니다.

우리가 말씀을 묵상하면 우리의 영은 확신으로 채워지게 됩니다.

오랫동안 나는 재정과 육체의 필요에 대해서 믿음으로 살아왔습니다. 이제 나는 말씀이 영을 세우고 강하게 하며 잠잠한 확신을 주는 양식임을 알게 될 만큼 성숙하게 되었습니다.

감각은 보고 듣고 느낄 수 있는 것을 믿습니다.

영은 보고 듣고 느끼는 것과 상관없이 오직 말씀을 믿습니다.

기도하고 또 기도하지만 치유 받지 못하는 사람들은 감각지식의 믿음을 소유하고 있는 것입니다.

그들은 계시 믿음을 가지지 못했습니다. 그들은 사람을 믿고, 치유의 기름부음을 믿고, 다른 누군가의 기도를 믿고 사람이나 단체를 믿고는 있지만, 정작 말씀을 믿고 있지는 않습니다.

야고보서 5:14-15은 이렇게 설명합니다. "너희 중에 병든 자가 있느냐 그는 교회의 장로들을 청할 것이요 그들은 주의 이름으로 기름을 바르며 그를 위하여 기도할지니라 믿음의 기도는 병든 자를 구원하리니 주께서 그를 일으키시리라" 그리고 의인의 기도가 역사하는 힘이 큰 것을 이야기합니다.

여기서 전체적인 맥락은 감각지식의 믿음을 보여주고 있습니다.

만일 누군가 병이 들었는데 "그가 채찍에 맞음으로" 치유 받았음을 알고 있다면, 장로들을 청할 필요가 없을 것입니다.

그러나 그 사실을 알지 못한다면 필사적으로 주님을 찾고 장로들을 찾아야 할 것입니다.

여기서 우리는 예수님의 성육신처럼 각 사람의 수준에 맞춰서 만나 주시는 하나님의 은혜를 볼 수 있습니다.

말씀이 육신이 되어 사람들 가운데 사셨을 때, 주님께서는 사람의 감각지식의 영역 안으로 들어오셔서 사람들이 그분을 보고 듣고 만질 수 있게 하셨습니다.

사람들이 볼 수 있었던 예수님께서 지상에서 하셨던 모든 일들은 감각의 영역 안에서 일어났던 것입니다.

거기에 영적인 관점에서의 믿음은 없었습니다.

그들은 기적을 보았고 빵을 먹었기 때문에 예수님을 믿었습니다.

주님께서 십자가에 달려 죽으셨을 때 그들에게는 영적인 이해가 전혀 없었습니다. 그들은 주님께서 그들의 죄로 인하여 죽어가고 계신 것을 알지 못했습니다. 그들은 주님이 그저 자신의 이상을 고수하다가 죽어가는 순교자라고 생각했습니다.

감각지식은 오늘날도 똑같은 개념을 가지고 있습니다.

학계에서는 예수님께서 자신의 신념을 위해 죽으셨다고 믿고 있습니다.

그러나 십자가의 죽음으로 감각지식의 믿음은 깨어졌습니다.

우리의 온 심령으로 믿는 것은 감각지식과 상관없이 믿는 것입니다.

우리의 영은 예수님께 주님의 자리를 내어드릴 때 반응합니다.(심령으로 예수님께서 주 되심을 인식하는 것이 성경적인 믿음의 열쇠입니다.)

"너희 마음에 그리스도를 주로 삼아 거룩하게 하고…" 벧전 3:15

"거룩하게 하다"의 뜻은 '구별하다' 혹은 '따로 구분하다' 입니다. 우리는 그리스도를 우리 심령 안에 따로 구별하여 모셨습니다.

우리가 예수님을 우리 삶의 주인으로 모실 때, 그것은 우리가 그분의 말씀을 우리 삶의 주인으로 모시는 것입니다. 그것이 말씀을 올바른 자리에 두는 것입니다.

우리가 말씀을 제위치에 두면 우리의 행함에 있어서 믿음이 완전히 자연스럽게 되는 것입니다.

"너는 마음heart을 다하여 여호와를 신뢰하고 네 명철(혹은 감각지식)을 의지하지 말라 너는 범사에 그를 인정하라 그리하면 네 길을 지도하시리라 스스로 지혜롭게 여기지 말지어다 여호와를 경외하며 악을 떠날지어다"잠 3:5-7

감각지식에 기반을 둔 지혜를 추구하지 마십시오. 감각지식은 말씀을 거절하고 말씀과 상관없이 행동하도록 우리를 인도합니다.

"모든 이론을 무너뜨리며 하나님 아는 것을 대적하여 높아진 것을 다 무너뜨리고 모든 생각을 사로잡아 그리스도에게 복종하게 하니"고후 10:4-5

우리가 믿음으로 행하고자 한다면 이것이 매우 중요합니다. 말씀이 감각지식보다 우위에 있어야 합니다. 그 감각지식이 우리의 것이든 혹은 다른 누군가의 것이든 말입니다.

감각지식은 언제나 제한적일 수밖에 없음을 기억하기 바랍니다.

어느 누구도 완벽한 감각지식을 가진 사람은 없습니다.

하나님의 말씀만이 완벽합니다. 이 계시는 하나님의 완벽한 계시이며, 우리 삶의 어떤 위기와 어떤 필요도 해결합니다.

온 심령을 다해 이 말씀을 신뢰한다면 우리의 영 안에 평안과 안식을 갖게 됩니다.

믿는 것은 아는 것입니다. 우리는 하나님의 말씀이 진리라는 것을 알고 있습니다.

말씀에 "나의 하나님께서 너의 모든 필요를 채우시리라"라고 되어 있다면, 우리는 모든 필요가 공급될 것임을 단순하게 우리의 영 가운데 알고 걱정하지 않게 됩니다. 우리는 염려가 없습니다.

말씀을 읽으면 우리의 심령에 담대함을 가지게 됩니다. 우리의 확신이 더 깊어집니다.

이 확증은 감각의 증거들과 상관이 없습니다. 자주 있는 일이지만, 확신이 감각의 증거들과 반대일 경우가 있습니다. 그러나 영적인 것이 물질적인 것과 마찬가지로 실제적이라는 것을 우리는 알고 있습니다.

우리는 영적인 것이 육신적인 것보다 우위에 있다는 것을 알고 있습니다. 영이신 하나님께서 물질적인 모든 것을 창조하셨기 때문입니다.

우리는 영적인 힘이 물리적인 힘보다 더 강력하다는 것을 알고 있습니다.

우리는 "우리 안에 계신 이가 세상에 있는 자보다 크심"을 알고 있습니다.

우리는 더 크신 그분께서 질병과 연약함을 지배하셨다는 것을 알고 있습니다.

우리는 온 심령으로 그분을 신뢰합니다. 그분께서 우리 가운데 일어나시고 우리의 마음mind에 빛을 비추십니다. 그 빛은 세상 다른 어떤 곳에서도 얻을 수 없는 빛입니다.

우리는 우리가 정복될 수 없음을 알고 있습니다.

우리가 아는 것은 우리가 믿기 때문입니다.

제 10 장

말씀에 근거한 행동

요한복음 6:47에서 예수님께서 말씀하셨습니다. "진실로 진실로 너희에게 이르노니 믿는 자는 영생을 가졌나니"

"믿는 것"은 "가진 것"입니다. 소유한 것입니다.

지적 동의는 말씀을 존중하고 말씀이 진리이며 매우 바람직한 것이라고 고백하기는 하지만 소유하지는 않았습니다.

믿는 것은 "그것은 내 것입니다. 내가 그것을 가졌습니다"라는 기쁜 고백으로 마무리 됩니다.

오늘날에는 말씀에 근거해 행동하는 것을 거의 찾아보기 힘듭니다.

한 중풍병자가 네 명의 친구들에 의해서 예수님 앞에 나아오게 된 장면을 기억할 것입니다.막 2:1-12

예수님께서 그에게 말씀하셨습니다. "일어나 네 침상을 들고 걸어가라."

만약 그가 주님의 말씀에 근거해서 행동하지 않았다면, 결코 치유 받지 못했을 것입니다. 그러나 그는 행동했기 때문에 치유 받았습니다.

누가복음 5:5에서 베드로가 말했습니다. "선생님 우리들이 밤이 새도록 수고하였으되 잡은 것이 없지마는 말씀에 의지하여 내가 그물을 내리리이다"

우리가 "말씀에 의지하여 그렇게 하겠습니다"라고 말한다면 우리 삶 가운데 굉장한 변화가 일어날 것입니다.

우리는 인간이 만든 이론에 집착하여 살아있는 말씀을 무시하며 살아왔습니다.

치유와 승리는 당신에게 속한 것입니다.

예수님께서 베드로에게 "오라, 나와 함께 파도 위를 걸으라."고 하셨을 때, 베드로는 말씀에 근거해서 행동했습니다.

하인들이 물동이를 아구까지 채웠을 때 그들은 예수님께서 하신 말씀에 순종한 것이고, 결국 물은 포도주가 되었습니다.
요 2:1-11

우리는 말씀의 진실성과 실제성에 지적으로 동의는 하면서도 그 말씀에 근거해서 행동하고 있지는 않습니다.

우리가 말씀대로 행동할 때에야 비로소 그 말씀이 실재가 됩니다.

우리가 부활의 진리를 신조나 교리로 고수하고 있다 할지라도 당신이 이렇게 말하기 전까지는 당신에게 아무런 의미가 없습니다. "주님께서 나를 위해 죽으셨습니다. 그분께서는 나를 위하여 죽음과 지옥을 정복하셨습니다. 주께서 나를 위하여 부활하셨습니다. 주님의 부활로 말미암아 내가 승리자가 되었고, 지금 나는 사탄을 정복한 자입니다. 사탄은 이제 나를 지배하지 못합니다. 나는 자유합니다." 그럴 때 말씀이 교리나 이론 그 이상의 것이 됩니다. 실재가 됩니다.

말씀에 근거해서 행동하는 사람은 원하는 것을 받습니다.

지금도 말씀에 근거해서 행동하는 사람이 받습니다.

믿음을 행하고, 믿음을 말하십시오. 당신의 행동과 당신의 말을 일치시키십시오. 당신은 믿는 자입니다.

하나님의 가족이 되려면 믿음이 필요하지만, 가족이 된 후에는 모든 것이 당신의 것입니다. 고전 3:21

하나님의 자녀가 되려면 믿음이 필요하지만, 일단 자녀가 되면 그리스도께서 주신 모든 것이 그들의 소유가 됩니다.

하나님께서 "내가 내 말을 지켜 그대로 이루려 함이라"고 말씀하셨고 당신이 이사야 53:3-6의 말씀을 받아들여 확신에 거한다면, 하나님께서 그분의 보좌에 앉아계심이 당연한 것처럼 치유 역시 당신 것이 확실합니다.

당신에게 필요한 것은 오직 말씀에 근거해서 행동하는 것입니다.

이 단순하고 보잘것없어 보이는 교훈을 배우는 것은 정말 중요합니다.

몸부림치는 것도 아니고 기도하는 것도 아니고 울부짖는 것도 아닙니다.

결과를 가져오는 것은 하나님께서 말씀하신 바에 근거해서 행동하는 것입니다.

믿음faith과 믿는 것believing

"믿음faith"이라는 단어는 명사이고, "믿다believe"라는 단어는 동사입니다.

"믿는 것believing"은 실제로 말씀에 근거해서 "행동하는 것acting"입니다.

단순하게 하나님의 말씀에 근거하여 행동하는 것은 당신이 의사나 변호사나 혹은 사랑하는 사람의 말에 근거하여 행동하는 것과 마찬가지입니다.

이렇게 물어보지는 않을 것입니다. "내가 믿고 있나요?" "내가 믿음을 가지고 있나요?"

단순히 이렇게 말하십시오. "하나님께서 그렇게 말씀하셨어." 그리고 그렇게 행동하십시오. 혹은 "하나님께서 '그가 채찍에 맞음으로' 내가 나았다고 말씀하셨나? 만일 그렇게 말씀하신 거라면 내가 나은 것이 틀림없어. 나는 하나님께서 말씀하신 것에 근거해서 행동할 거야."

믿음은 행동의 결과입니다.

믿는 것believing은 대상 즉 당신이 원하는 것에 다가가는 것입니다. 믿음faith은 이미 그곳에 도달한 것입니다.

"믿다"라는 단어 대신에 나는 "말씀에 근거해 행동하다"라는 말을 씁니다.

그게 더 단순합니다. 그것은 완벽하게 성경적이고, 바로 예수님께서 의미하셨던 그대로입니다.

바울의 서신서를 보면 신자들에게 믿으라고 혹은 믿음을 가지라고 설득하는 곳은 어디서도 찾아볼 수 없다는 사실이 정말 놀랍지 않습니까?

우리가 사람들에게 믿으라고 설득하는 것은 말씀이 그 실재를 잃어버린 결과입니다.

바울이 말하는 것은 무엇입니까?

"찬송하리로다 하나님 곧 우리 주 예수 그리스도의 아버지께서 그리스도 안에서 하늘에 속한 모든 신령한 복을 우리에게 주시되"엡 1:3

만약 그분께서 모든 신령한 복을 당신에게 주셨다면 당신은 그 복을 받은 것입니다.

더 이상 신령한 복을 달라고 구할 필요가 없습니다.

당신에게 필요한 것은 당신이 이미 그것을 가졌음을 하나님께 감사드리는 것 밖에는 없습니다.

당신은 오직 "아버지 감사합니다. 나를 치유해 주셔서 감사합니다. 나를 건져 주셔서 감사합니다."라고 말하면 됩니다.

예수님께서 하셨던 일도 아버지의 말씀에 근거해서 행동하는 것 뿐이었습니다.

베드로가 했던 일도 오직 그리스도께서 주신 말씀에 근거해서 행동한 것뿐입니다.

베드로를 통해 사람들을 구원하고 치유하고 자유하게 할 수 있었던 것은 베드로의 입에서 나온 그리스도의 말씀이었고 그 말씀에 근거한 행동이었습니다.

우리는 말씀을 전할 수 있습니다. 그러나 우리가 실천하지 않는다면 결과를 낼 수 없습니다.

야고보는 이렇게 말했습니다. "행함이 없는 믿음은 죽은 것이니라."

우리가 말씀에 근거해서 행동하면 그것은 우리가 우리의 믿음을 보이는 것입니다.

우리는 하나님의 말씀 중 어떤 것도 능하지 못함이 없다는 것을 알고 있습니다.눅 1:37

그렇다면 우리는 그렇게 행동합니다. 담대하게 병든 자들에게 손을 얹습니다. 우리가 질병에게 예수 이름으로 떠나라고 명령하면 그들은 복종합니다. 아픈 사람이 치유 받습니다.

주님께서 말씀하셨습니다. "내가 내 말을 지켜 그대로 이루리라"

만약 주님께서 그렇게 하라고 하지 않으셨다면 아픈 사람에게 손을 얹거나 치유를 주장하지도 않았을 것입니다.

그러나 주님께서 이렇게 말씀하셨습니다. "믿는 자들에게는 이런 표적이 따르리니 … 병든 사람에게 손을 얹은즉 나으리라"막 16:17-18

그 의미는 우리가 그리스도를 우리의 구원자로 받아들이고 주님이라 고백하면 영생을 받고 그 가족 안에서의 기능을 시작할 수 있다는 것입니다. 우리는 병든 자들에게 손을 얹기 시작할 수 있습니다.

"믿고 세례를 받는 사람은 구원을 얻을 것이요…"막 16:16

"구원"이라는 그리스어는 sozo라는 단어이고 치유를 의미하기도 합니다.

치유는 육체적인 것이지만 결론적으로는 영적인 것입니다.

질병이 육체에 발현되긴 하지만 그 뿌리 즉 그 실체는 영에 존재합니다.

"믿다believe"라는 단어는 요한복음에 약 100번 가량 등장하지만 "믿음faith"이라는 단어는 겨우 두세 번 사용되었을 뿐입니다.

그 분명한 이유는 요한이 말하고 있는 대상이 그리스도의 몸 밖의 사람들 즉 율법 아래 있던 유대인들이었기 때문입니다.

그들은 믿음의 사람들이 아니었습니다. 그들은 믿음을 가지고 있지 않았습니다. 요한은 그들에게 믿으라고 권면하고 있는 것입니다.

믿는 것believing에 관한 몇 가지 사실들

말씀을 믿지 못하는 사람들이 있는데, 그 이유는 그들이 그리스도의 주 되심을 한 번도 고백한 적이 없기 때문입니다.

사람에 대한 두려움이 그들을 속박하고 있습니다.

이것이 바로 사탄이 사용하는 가장 강력한 방법 중 하나입니다.

죽은 교리가 사람들을 가둬 두는 경우가 참 많이 있습니다. 사람들은 이것도 믿지 말라고 저것도 믿지 말라고 가르칩니다.

신학적 이론들의 미로에서 그리스도를 잃어버리고 말았습니다.

말씀의 주권 앞에 당신 자신을 포기하고 그 말씀대로 행동하십시오. 하나님께서 당신에게 실재가 되실 것입니다.

제 11 장

우리에게 속한 것들

은혜가 풍성하신 아버지께서 교회에게 부유함과 강함을 풍성하게 주셨습니다.

"찬송하리로다 하나님 곧 우리 주 예수 그리스도의 아버지께서 그리스도 안에서 하늘에 속한 모든 신령한 복을 우리에게 주시되"엡 1:3

이것이 무슨 뜻입니까?

그리스도께서 죄가 되신 때부터 존귀하신 분의 오른편에 앉으실 때까지 하나님께서 그리스도 안에 행하신 모든 속량의 역사들은 그리스도의 몸 된 교회에 속한 것입니다.

우리는 축복 받았습니다.

예수님께서는 자신을 위해서는 아무것도 하지 않으셨고, 아버지께도 부족한 것이 전혀 없었습니다.

"하나님이 세상을 이처럼 사랑하사 독생자를 주셨으니

이는 그를 믿는 자마다 멸망하지 않고 영생을 얻게 하려 하심이라" 요 3:16

예수님께서는 잃어버린 세상에 주신 아버지의 선물이셨습니다. 아버지께서는 그 선물을 결코 취소한 적이 없으십니다.

세상이 자신이 가진 것을 인지하지 못했을 수는 있지만, 그럼에도 세상은 예수님을 가졌습니다.

예수님께서 대속 제물로서 하셨던 모든 일은 그 혜택을 입은 각 개인의 사유재산이 되었습니다.

죄인이 하나님께 구원을 구걸할 필요가 없습니다.

모든 일이 이미 성취되었습니다.

그가 해야 할 일은 오직 그것을 받아들이고 하나님께 감사드리는 것입니다. 그러면 그의 것이 됩니다.

"너희는 그 은혜에 의하여 믿음으로 말미암아 구원을 받았으니 이것은 너희에게서 난 것이 아니요 하나님의 선물이라 행위에서 난 것이 아니니 이는 누구든지 자랑하지 못하게 함이라" 엡 2:8-9

구원은 선물입니다.

믿음은 하나님의 말씀에 근거한 행동에서 옵니다.

우리는 말씀대로 행동합니다. 우리는 예수 그리스도를 우리의 구원자로 받아들이고 그분을 주님으로 고백하면 그 즉시 영생을 받습니다.

"우리는 그가 만드신 바라 그리스도 예수 안에서 선한 일을 위하여 지으심을 받은 자니…" 엡 2:10

모든 일은 죽음에서 부활하신 그리스도 앞에서 모두 성취되었고, 그 일은 이제 우리에게 속한 것이 되었습니다.

우리가 해야 할 일은 오직 그 사실을 받아들이는 것입니다.

믿는 사람은 아프다고 아버지께 치유를 구할 필요가 없습니다. "그는 실로 우리의 아픔을 당하고 우리의 질병을 지셨거늘 우리는 생각하기를 그는 징벌을 받아 하나님께 맞으며 고난을 당한다 하였노라"

하나님께서 우리의 질병을 예수님께 넘기셨습니다.

이사야 53:10은 우리의 질병으로 인해 주님께서 아프게 된 것이 여호와께서 기뻐하시는 것이었고 이는 그가 채찍에 맞음으로 우리가 나음을 얻게 하기 위해서라고 말하고 있습니다.

우리가 치유 받은 것이라면, 이제 치유를 위해서 기도할 필요가 없어진 것입니다.

오직 우리가 해야 할 일은 예수 이름으로 원수를 꾸짖고 우리 몸에서 나가라고 명령하는 것입니다. 그리고 온전한 치유로 인해 아버지께 감사드리는 것입니다.

이렇게 간단한 것입니다.

우리는 힘을 달라고 주님께 기도할 필요가 없습니다. 주님께서 우리 생명의 힘이 되셨기 때문입니다.

"여호와는 나의 빛이요 나의 구원이시니 내가 누구를 두려워하리요 여호와는 내 생명의 능력이시니 내가 누구를 무서워하리요"시 27:1

이는 지금 우리에게 속한 것입니다.

주님께서 우리의 빛이 되셨고 우리의 구원이 되셨습니다. 그 말은 주님께서 우리의 지식이 되셨고 우리의 속량이 되셨다는 의미입니다.

주님께서 우리의 구출이 되셨습니다.

"너희는 하나님으로부터 나서 그리스도 예수 안에 있고 예수는 하나님으로부터 나와서 우리에게 지혜와 의로움과 거룩함과 구원함이 되셨으니"고전 1:30

하나님께서 예수님으로 하여금 우리에게 무엇이 되게 하셨는지 살펴봅시다.

우리는 거룩해지도록 구하지 않습니다. 예수님께서 우리의 거룩함이 되셨기 때문입니다.

우리는 의로워지도록 구하지 않습니다. 예수님께서 우리의 의가 되셨고, 우리는 그리스도 안에서 그분의 의가 되었기 때문입니다.

믿는 자는 가진 자입니다. "믿는 자에게는 영생이 있고"

믿었는데 영생은 갖지 못하는 일은 있을 수 없습니다.

"나의 하나님이 그리스도 예수 안에서 영광 가운데 그

풍성한 대로 너희 모든 쓸 것을 채우시리라"빌 4:19라고 믿었는데 우리가 필요한 것을 소유하지는 못하는 일은 있을 수 없습니다.

바울은 믿는 자는 소유한 자라는 것을 인식하고 있었습니다.

우리는 우리가 속량 받은 것을 믿으려고 애쓰지 않아도 됩니다. 이미 속량 받았기 때문입니다.엡 1:7

우리는 우리가 그리스도 안에 있다는 것을 믿으려고 애쓰지 않아도 됩니다. 우리가 그 안에 있기 때문입니다.고후 5:17

우리는 우리가 하나님의 아들이라는 것을 믿으려고 애쓰지 않아도 됩니다. 우리가 재창조되었기 때문입니다. 우리는 그분의 가족에 소속되어 있습니다.요일 3:2

우리는 우리 죄가 제거되었다는 것을 믿으려고 애쓸 필요가 없고 죄를 끝내달라고 기도할 필요도 없습니다. 우리의 죄는 이미 제거되었고 이제 우리는 무죄 선고를 받아 그분의 임재 앞에 정당하게 서 있기 때문입니다. 우리의 옛 죄의 본성은 제거되어 사라졌고 우리는 하나님의 본성을 받았습니다.골 1:13-14

우리는 하나님께서 우리에게 성령님을 주실 것이라고 믿으려고 애쓸 필요가 없습니다.

우리에게 필요한 것은 단지 그분께 들어오시도록 초청하는 것뿐입니다. "너희가 악할지라도 좋은 것을 자식에게 줄 줄

알거든 하물며 너희 하늘 아버지께서 구하는 자에게 성령을 주시지 않겠느냐 하시니라" 눅 11:13

그분께서는 아직 성령을 받아본 적이 없는 그리스도 안에서 갓난아기 된 자에게 말씀하고 계신 것입니다.

그분께서는 영생을 받은 사람에게 말씀하고 계십니다. 이제 그가 분명하게 성령님을 구하면, 예수님을 죽음에서 부활시킨 그 성령님께서 그의 몸 안으로 들어가셔서 그 안에 거하시게 됩니다.

예수 이름이 우리에게 속했습니다.

하나님께서 우리의 아버지이십니다.

예수님께서 우리의 주님이시며 변호자이시고 주인이십니다.

성령님께서 우리의 선생님이십니다.

치유는 분명히 우리의 것입니다. 힘은 우리 것입니다. 빛과 지혜가 우리 것입니다.

영생이 우리에게 속했습니다.

그분이 우리의 공급자이십니다. 그분이 우리의 풍족함이십니다. 그분이 우리 안에 계신 사랑이십니다.

이 모든 것은 우리가 처음 믿을 때 우리 것이 된 것이지, 현재 믿는 자로서의 개인적인 믿음에 좌우되는 것이 아닙니다.

우리는 이미 이것들을 가졌습니다. 우리가 소유하고 있습니다. 자녀들 모두에게 속한 것입니다.

모든 것이 속량 안에 포함되어 있습니다.

단지 아버지께 감사드리십시오. 어떤 필요가 당신 앞에 놓여있을지라도 속량에 이미 포함되어 있는 것임을 찬양하십시오. 그러면 그것은 당신의 것이 됩니다.

이렇게 말하는 사람도 있을 것입니다. "그럼 뭘 위해 기도해야 하는 거죠?"

우리는 세상의 수많은 필요를 위해 기도할 수 있습니다. 자신의 특권을 모른 채 어둠 가운데 살고 있는 그리스도인들을 위해 기도할 수 있습니다. 이미 자유하게 된 사실을 모른 채 속박 가운데 살고 있는 사람들의 구원을 위해 기도할 수 있습니다.

그리스도 안에서 우리의 권리를 누리기

속량은 하나님께서 계획하신 것입니다. 그 결과는 하나님의 심령을 만족시켰고 또한 사람의 모든 필요도 충족시켰습니다.

그리스도로 말미암아 우리가 하나님과 연결되었습니다. 하나님과의 연합은 우리에게 성공적인 것입니다.

우주에서 가장 강력한 힘을 우리가 마음대로 사용할 수 있게 된 것입니다.

하나님의 능력이 우리의 유산이 되었습니다.

"오직 성령이 너희에게 임하시면 너희가 권능을 받고 예루살렘과 온 유대와 사마리아와 땅 끝까지 이르러 내 증인이 되리라 하시니라"행 1:8

하나님의 권능을 우리 마음대로 사용할 수 있게 되었습니다.

이 얼마나 놀라운 사실입니까!

"자녀들아 너희는 하나님께 속하였고 또 그들을 이기었나니 이는 너희 안에 계신 이가 세상에 있는 자보다 크심이라" 요일 4:4

우리는 하나님께 속했습니다.

우리의 뿌리가 하나님에게까지 뻗어 내려갔습니다.

하나님의 능력이 우리의 유산이 되었습니다. 마치 뿌리가 흙 안의 수분을 빨아들이듯이 하나님께 내린 우리의 뿌리가 하나님의 힘과 생명과 능력을 빨아들입니다.

그분께서 그저 우리와 함께 계시기만 한 것이 아니라 우리의 일부분이 되셨습니다.

그분께서 우리 안에 계십니다. 그분의 본성이 우리 것입니다.

하루 종일 이렇게 거듭 말하는 것이 큰 도움이 될 것입니다. "하나님께서 내 안에 계십니다. 하나님의 능력이 나의 것입니다. 하나님의 능력이 나의 것입니다. 하나님의 건강이 나의 것입니다. 하나님의 성공이 나의 것입니다. 나는 승리자입니다.

나는 정복자입니다. 나는 성공합니다. 더 크신 분께서 그분의 위대한 능력을 가지고 내 안에 계시기 때문입니다."

하나님께 떠맡기는 것이 아닙니다. 우리가 다루는 것입니다.

주님과 함께 하는 삶을 누리는 것입니다. 주님과 함께 사는 것이고, 영원하신 분과 함께 교제하며 함께 일하는 것입니다.

우리는 그 이름을 사용할 수 있습니다. 그 이름이 만물을 정복하며 모든 이름 위에 뛰어난 이름입니다.

우리는 그 이름을 사업의 세계에서 사용할 수도 있고, 과학의 세계에서 사용할 수도 있습니다. 인간이 시도할 수 있는 모든 영역에서 사용할 수 있습니다.

"내 이름으로" 이것은 실제로 주님께서 몸소 여기에 계신 것과 똑같습니다.

"너희가 내 이름으로 무엇을 구하든지 내가 행하리니"

우리가 그 이름을 사용하면 예수 그리스도를 모셔와 우리의 문제와 직접 만나도록 하는 것입니다.

모든 능력의 근원이 우리의 삶과 연결되고 우리 앞에 마주하는 문제들과 연결되는 것입니다.

제 12 장

믿음의 방해물

사람의 믿음은 그가 하는 고백을 능가하지 못합니다.(죄의 고백에 관한 이야기가 아니라 하나님의 말씀을 고백하는 것을 이야기하는 것입니다.)

우리가 연약함과 실패와 질병을 고백하는 것은 믿음을 파괴하는 것입니다.

우리가 예수님께서 우리의 질병을 담당하셨다고 담대하게 고백하고 그 고백을 굳게 붙잡으면 결국 하나님의 임재를 경험하게 될 것입니다.

가끔 지식의 부족함이 담대한 고백을 방해할 때가 있습니다.

알지 못하는 말씀에 근거해서 행동할 수는 없습니다.

믿음은 말씀의 이해와 더불어 성장합니다.

구속과 그에 따른 우리의 권리에 대한 지식의 부족으로 인한 불신앙을 종종 보게 됩니다.

이해의 부족

새로운 피조물의 의미와 그 실재가 어떤 것인지에 대해 이해가 부족하면 믿음 생활이 방해를 받습니다.

많은 사람들이 자신들이 영원한 생명을 가지고 있다는 것을 알지 못합니다. 그들은 그저 "죄에서 구원받은" 존재로만 스스로를 생각하고 있습니다.

많은 사람들이 자기 안에 계신 하나님의 존재를 인식하지 못한 채 살아갑니다.

그리스도 안에서의 자신의 위치와 자신의 삶에서의 그리스도의 위치에 대한 이해의 부족과, 의가 무엇이고 그 열매가 무엇인지에 대한 이해의 부족이야말로 다른 어떤 것보다 더 많은 사람들을 구속하는 굴레일 것입니다.

우리가 그리스도 안에서 하나님의 의가 되었음을 알게 되면, 그 동안 살아왔던 실패와 연약함의 좁은 공간에서 빠져 나와 한없는 하나님의 충만함의 영역으로 들어갑니다.

예수 이름을 사용할 수 있는 법적인 권리를 이해하지 못하면, 우리는 구속당하고 열등감에 빠질 것입니다.

그러나 우리가 그 이름으로 어떤 일들을 할 수 있는지 알게 되면, 우리는 사탄을 패배시키고 승리를 누리게 될 것입니다.

많은 사람들이 실패하는 것은 고백에 대한 이해가 부족하기 때문입니다.

우리의 믿음은 우리의 고백과 함께 갑니다.

말씀에 근거해서 행하는 것에 이해가 부족하면 우리는 굴레에 묶이게 됩니다.

우리는 믿으려고 애를 씁니다.

그러나 우리에게 필요한 것은 단지 하나님의 말씀에 근거해서 행동하는 것뿐입니다.

우리가 말씀이 진리임을 알게 되면, 그것을 전제로 행동하게 되며 말씀이 우리 삶 가운데 실재가 됩니다.

진정한 믿음은 말씀을 아는 지식의 결과입니다.

두 가지 고백

우리의 믿음은 우리의 고백으로 측량될 수 있습니다.

주님이 우리에게 얼마나 사역하실 수 있는지는 우리의 고백에 달려 있습니다.

조만간 우리는 우리가 고백하는 그대로의 사람이 될 것입니다.

우리 심령의 고백이 있고, 또한 입술의 고백이 있습니다.

우리 입술의 고백이 완벽하게 우리 심령의 고백에 일치되면,

우리의 기도는 강력한 힘을 발휘하게 될 것입니다.

많은 사람들이 부정적인 고백을 합니다.

그들은 스스로를 잘못 고백합니다. 연약함을 고백하고 실패를 고백합니다. 돈이 부족하다고 고백하고, 능력이 부족하다고 고백하고, 건강하지 못하다고 고백합니다.

결국 그들은 예외 없이 자신의 고백의 수준에서 살아갑니다.

잘 알려지지 않은 영적인 법칙 중 하나는 바로 우리의 고백이 우리를 지배한다는 것입니다.

우리가 주님의 주권을 고백하고 심령에 완전히 동의할 때 우리의 삶은 그분의 보호 안으로 들어가게 됩니다.

그것은 염려와 두려움의 종말이며 믿음의 시작입니다.

주님께서 우리를 위해 다시 살아나신 것을 믿으며 그분의 부활로 말미암아 주님께서 우리의 적을 정복하셔서 이제 우리에게도 아무것도 아닌 존재로 만들어 버리셨다는 것을 믿을 때, 그리고 이 사실이 우리의 입술과 심령의 고백이 될 때, 우리는 하나님을 위한 능력이 됩니다.

우리가 그분을 우리의 구원자로 받아들이고 주님으로 고백했다면, 우리는 새로운 피조물이 되었습니다. 우리는 영생을 가지고 있습니다. 우리는 자녀의 신분을 가지고 있습니다. 우리는 하나님의 상속자이며 예수 그리스도와 공동 상속자입니다.

우리가 그분의 부활을 실제 사실로 인식하는 그 순간 죄의 문제는 이미 해결되었다는 것을 알게 되었습니다. 사탄은 영원히 패배한 존재라는 것을 우리는 알고 있습니다.

우리는 우리가 하나님의 신성과 연합하였다는 것을 알고 있습니다.

우리는 우리가 하나님의 가족 안에 들어오게 되었다는 것을 알고 있습니다.

우리는 하나님의 능력이 우리의 것이 되었음을 알고 있습니다.

이 사실이 한순간에 깨달아지지 않을 수도 있지만, 우리가 하나님의 말씀을 계속 공부하고 그대로 행동하며 말씀 안에 살고 말씀이 우리 안에 살도록 한다면, 그 말씀은 어쩌면 천천히 그러나 분명하게 살아있는 실재가 될 것입니다.

그 실재는 우리의 고백을 통해서 개발됩니다.

우리는 주님의 주권을 고백하며 그분께서 우리의 목자이시니 부족함이 없노라고 세상에서 선포합니다.

우리는 그분께서 우리를 푸른 초장에 누이시고 잔잔한 물가로 인도하신다고 고백합니다.

우리는 그분께서 우리의 영혼을 소생시키셨고 이제 그분과 친밀하고 놀라운 교제를 누리게 되었다고 고백합니다.

우리는 그분께서 우리를 새로운 피조물로 만드셨고, 이제 이전 것이 지나갔으며 모든 것이 새롭게 된 것을 본다고 고백합니다. 이제 우리가 그리스도 안에서 하나님의 의가 되었다고 고백합니다.

우리는 세상 앞에서 우리가 그분과 연합되고 하나 되었음을 두려움 없이 고백합니다.

우리는 그분께서 포도나무이시며 우리는 그 가지임을, 그리고 포도나무와 가지는 하나임을 선포합니다.

우리는 우리가 하나님의 신성한 본성을 부여 받은 자이며 그분 안에 거하여 마치 그분께서 갈릴리를 거니시던 것처럼 우리가 그렇게 살고 있음을 선포합니다.

이것이 우리의 고백입니다.

우리는 사탄이 패배했음을 알게 되었고, 우리가 말하는 예수 이름에 마귀들이 굴복하며, 우리 안에 살아계신 그리스도의 임재 안에 질병이 공존할 수 없다는 것을 알게 되었습니다.

이제 우리는 담대하게 말씀이 가르치는 대로 알고, 아는 대로 행동합니다.

우리는 담대하게 우리의 위치를 차지하고 세상 앞에서 말씀이 우리에 대해서 말하는 바가 사실이라고 고백합니다.

이제 실패의 고백, 연약함의 고백, 무능함의 고백은 우리와 상관이 없습니다.

하나님께서 우리의 능력이 되셨고 우리의 공급함이 되셨

습니다. 주님께서 우리를 새 언약의 일꾼에 합당한 사람으로 만드셨습니다.

우리는 주님께서 우리를 실패가 지배하는 옛 영역에서 빼내셔서 승리와 기쁨과 평화의 새로운 영역으로 옮기셨음을 고백합니다.

우리가 말씀대로 고백하고 행동할 때, 우리의 믿음이 성장하고 우리의 속량이 실재가 됩니다.

올바른 고백

예수님께서 말씀하셨습니다. "내가 내 자의로 말한 것이 아니요 나를 보내신 아버지께서 내가 말할 것과 이를 것을 친히 명령하여 주셨으니" 요 12:49

예수님께서 행하셨던 모든 치유는 아버지의 말씀을 통해서 이루어진 것입니다. 주님께서 말씀하신 모든 말은 아버지의 말씀이었습니다.

예수님께서는 자신이 누구인지 알고 계셨습니다. 자신의 위치를 알고 계셨고 자신이 해야 할 일을 알고 계셨습니다.

주님께서는 늘 자신의 메시지에 긍정적이셨습니다. 그분께서는 자신이 하는 말이 아버지의 말씀이라는 것을 알고 계셨습니다.

주님께서는 아들의 신분을 취하셨습니다. 주님께서는 자신의 역할을 하셨습니다.

주님께서는 자신의 아들 됨을 계속 고백하셨습니다.

예수님께서는 자신이 어떤 존재인지 항상 고백하셨습니다.

"나는 선한 목자이다. 나는 생명의 빵이다. 나는 생명수이다. 하나님께서 나의 아버지이시다. 나는 세상의 빛이다."

요한복음 5:19-30에서 예수님께서는 자신에 관해 10가지로 선언하셨습니다.

그 선언들은 실제로 고백들이었고, 각각의 고백들은 예수님을 하나님의 신성과 연결시켰습니다.

주님께서는 아버지께서 하신 말씀을 말하고 있었습니다.

"나는 아노니 이는 내가 그에게서 났고 그가 나를 보내셨음이라 하시니" 요 7:29

주님께서는 자신이 어떤 존재인지만을 고백하신 것이 아니라 사람이 새로운 피조물이 된 후에 어떤 존재가 되는지도 담대하게 고백하셨습니다.

"나는 포도나무요 너희는 가지라" 요 15:5

"나를 믿는 자는 성경에 이름과 같이 그 배에서 생수의 강이 흘러나오리라 하시니 이는 그를 믿는 자들이 받을 성령을 가리켜 말씀하신 것이라(예수께서 아직 영광을 받지 않으셨으므로 성령이 아직 그들에게 계시지 아니하시더라)" 요 7:38-39

얼마나 놀라운 고백입니까! 이 고백은 오순절에 이르러 실제 사건이 되었습니다.

"예수께서 대답하시되 내가 내게 영광을 돌리면 내 영광이 아무 것도 아니거니와 내게 영광을 돌리시는 이는 내 아버지시니 곧 너희가 너희 하나님이라 칭하는 그이시라 너희는 그를 알지 못하되 나는 아노니 만일 내가 알지 못한다 하면 나도 너희 같이 거짓말쟁이가 되리라 나는 그를 알고 또 그의 말씀을 지키노라"요 8:54-55

"아버지여 창세 전에 내가 아버지와 함께 가졌던 영화로써 지금도 아버지와 함께 나를 영화롭게 하옵소서"요 17:5

정말 주목할 만한 증언입니다.

"내가 아버지의 이름을 그들에게 알게 하였고 또 알게 하리니"요 17:26

예수님께서는 하나님께서 받으실 새로운 이름을 알고 계셨습니다.

"세상 중에서 내게 주신 사람들에게 내가 아버지의 이름을 나타내었나이다"요 17:6

나는 예수님께서 지금 말씀하시는 새 이름이 무엇인지 확신하고 있습니다. 그것은 "아버지"입니다.

이전에 어느 누구도 하나님을 "아버지"라고 부른 적이 없습니다.

"예수께서 그들이 그 사람을 쫓아냈다 하는 말을 들으셨더니 그를 만나사 이르시되 네가 인자the Son of God[KJV]를 믿느냐 대답하여 이르되 주여 그가 누구시오니이까 내가 믿고자 하나이다"요 9:35-36

그때 예수님께서 자신이 누구인지 고백하셨습니다.

37절에는 예수님께서 눈멀었던 사람에게 하신 말씀이 기록되어 있습니다. "네가 그를 보았거니와 지금 너와 말하는 자가 그이니라"

예수님께서는 자신이 하나님의 아들이심을 공개적으로 밝히셨습니다.

요한복음 4:26에서도 우리는 놀라운 고백을 발견하게 됩니다. 주님께서 사마리아 여인과 대화하는 도중에 자신이 메시야, 즉 하나님의 아들이심을 고백하셨습니다.

예수님께서는 자신이 누구인지 알고 계셨습니다

예수님께서 행하셨던 기적들 중 거의 대부분이 예수님의 입술에 있던 아버지의 말씀과 더불어 행해졌습니다.

예수님은 드러난 아버지의 뜻이었습니다.

"예수께서 이르시되 나의 양식은 나를 보내신 이의 뜻을 행하며 그의 일을 온전히 이루는 이것이니라"요 4:34

"나는 나의 뜻대로 하려 하지 않고 나를 보내신 이의 뜻대로 하려 하므로"요 5:30

"내가 하늘에서 내려온 것은 내 뜻을 행하려 함이 아니요 나를 보내신 이의 뜻을 행하려 함이니라"요 6:38

"나를 보내신 이가 나와 함께 하시도다 나는 항상 그가 기뻐하시는 일을 행하므로 나를 혼자 두지 아니하셨느니라"요 8:29

이 얼마나 놀라운 주님의 모습입니까! 주님께서는 개인적인 야망도 개인적인 성취 목표도 없었습니다. 주님께서는 단순히 아버지의 뜻을 행하고 계셨고, "나를 본 자는 아버지를 보았거늘"요 14:9이라고 말씀하실 정도로 아버지를 드러내고 계셨습니다.

우리가 세상의 야망과 세상의 욕망을 적게 가지면 가질수록 아버지께서 우리에게 더욱 풍성하게 자신을 드러내실 것입니다.

예수님의 입술을 통해 기적을 행하시던 하나님의 말씀은 우리의 입술을 통해서도 같은 기적들을 행하실 것입니다.

자신의 유익을 구하는 것은 사실 스스로를 제한하는 것입니다.

이기적인 사람은 제한된 사람입니다.

말씀 안에 살고 말씀이 그 안에 사는 그런 사람은, 즉 말씀대로 행하고 실천하는 사람은 아버지를 드러내는 사람입니다.

우리가 하나님의 말씀대로 행동할 때, 그것은 아버지를 드러내고 있는 것입니다.

잘못된 고백

우리의 고백이 우리 자신을 속박하고 있다는 것을 인식하고 있는 사람은 거의 없습니다. 올바른 고백이 우리를 자유롭게 할 것입니다.

우리 안에 능력을 키우거나 혹은 허약함이 생기게 하는 것은 우리의 생각이기도 하지만 또한 우리의 말과 우리의 대화이기도 합니다.

우리의 말은 믿음의 왕국에서의 동전과 같습니다. 우리의 말로 올무에 걸리거나 붙잡히기도 하지만 동시에 우리를 자유하게 하고 다른 사람들의 삶에서 능력 있게 되기도 합니다.

우리의 속사람을 정말로 지배하고 있는 것은 바로 우리가 하는 고백입니다.

우리는 부지불식간에 우리가 믿는 것을 고백합니다.

우리가 만약 질병을 이야기하고 있다면 그것은 우리가 질병을 믿고 있기 때문입니다. 만일 우리가 약함과 실패를 이야기하고 있다면 그것은 우리가 약함과 실패를 믿고 있기 때문입니다.

사람들이 믿음을 갖고 있는 대상을 보면 참으로 놀랍습니다.

그들은 암을 믿고, 위궤양을 믿고, 결핵을 믿고, 다른 불치의 병들을 확실히 믿고 있습니다. 질병에 대한 그들의 믿음은 계속 자라서 결국 질병이 그들을 지배하고 다스리는 지경에까지 이르게 됩니다. 그렇게 되면 결국 질병의 절대적인 노예가 되어버리는 것입니다.

그들은 자신의 약함을 고백하는 습관을 갖게 되었고, 그들의 고백이 그들의 약함에 힘을 더하게 됩니다. 그들은 자신의 믿음이 부족함을 고백하고 의심으로 가득하게 됩니다.

두려움을 고백할수록 더 두렵게 됩니다. 질병의 두려움을 고백하면 질병이 그 고백 아래에서 자라나게 됩니다.

부족함을 고백하면 고백할수록 결여감이 계속 자라나서 결국 그들의 삶을 지배하게 됩니다.

우리가 자신의 고백 이상으로 올라갈 수 없다는 것을 깨닫는다면, 하나님께서 우리를 제대로 사용하실 수 있는 그 위치로 나아가게 됩니다.

그가 채찍에 맞으심으로 나음을 얻었다고 고백하십시오. 고백을 단단히 붙잡아 어떤 질병도 당신 앞에서 버티지 못하게 하십시오.

우리가 알아차리건 못 알아차리건, 우리는 말의 씨를 뿌리고 있는 것입니다. 누가복음 8:11에서 예수님께서 말씀하셨습니다. "이 비유는 이러하니라 씨는 하나님의 말씀이요" 씨 뿌리는 자가 씨를 뿌리러 나가는데, 그 뿌리는 씨가 바로 하나님의 말씀입니다.

그 씨가 바로 우리가 뿌려야 할 씨입니다. 다른 사람들은 두려움과 의심의 감각지식의 씨를 뿌리고 있습니다.

우리가 하나님의 말씀을 고백하며, "그분이 채찍에 맞으심으로 내가 나았다" 혹은 "나의 하나님께서 내 모든 필요를 채우신다"라고 분명하게 선언한다면, 그리고 우리의 고백을 굳게 붙잡고 있다면, 우리는 문제가 해결되는 것을 보게 될 것입니다.

우리의 말은 다른 사람들에게 믿음을 낳거나 의심을 낳게 합니다.

요한계시록 12:11에서 분명하게 밝히고 있습니다. "또 우리 형제들이 어린 양의 피와 자기들이 증언하는 말씀으로써 그를 이겼으니 그들은 죽기까지 자기들의 생명을 아끼지 아니하였도다"

그들은 자기의 증언하는 하나님의 말씀으로 그를 이겼습니다. 그들은 자신의 말로 마귀를 굴복시켰습니다.

예수님의 사역 가운데 치유 받은 사람들은 대부분 말로 치유를 받았습니다.

하나님께서 말로 우주를 창조하셨습니다. 확신으로 가득한 말로 창조하셨습니다.

예수님께서 말씀하셨습니다. "네 믿음이 너를 온전케 하였느니라."

예수님께서 죽은 나사로에게 말씀하셨습니다. "나오라." 그분의 말씀이 죽은 사람을 다시 살렸습니다.

사탄은 말씀에 정복당합니다. 말씀이 사탄을 후려칩니다.

하나님의 구원을 하늘로부터 이 땅의 사람들의 필요로 운송하는 수단이 바로 우리의 입술입니다.

우리는 하나님의 말씀을 사용합니다. 우리는 "예수 이름으로, 귀신아, 그에게서 나와라."라고 속삭입니다.

예수님께서 말씀하셨습니다. "내 이름으로 너희가 귀신들을 쫓아낼 것이고, 내 이름으로 너희가 병든 자들에게 손을 얹은 즉 나을 것이다."

모두 말로 하는 것입니다.

손을 얹는 것은 감각에게 인상적인 영향을 주는 것 이상 뭐가 있을까 궁금합니다. 치유하는 것은 말씀입니다.

예수님께서 말씀하셨습니다. "내 이름으로 무엇이든 요구하면 내가 시행하겠다."('구하면ask'으로 번역된 헬라어의 뜻은 '요구하면demand'입니다.)

우리는 성전 미문에서 베드로가 말했던 것과 똑같이 요구하면 됩니다. "나사렛 예수 그리스도의 이름으로, 일어나 걸으라."

그의 말이 그 사람을 치유했습니다.

이제 우리는 말로 고백합니다. 우리는 우리 고백을 굳게 붙잡습니다. 고백에 있어서 물러나는 것을 거절합니다.

"진리를 알지니 진리가 너희를 자유롭게 하리라"요 8:32

"그러므로 아들이 너희를 자유롭게 하면 너희가 참으로 자유로우리라"요 8:36

우리는 그 아들께서 이미 우리를 자유하게 하셨다는 것을 알고 그렇게 고백합니다.

예수님은 우리 고백의 대제사장이십니다.

그리스도께서 인류의 원수를 정복하셨습니다. 그것은 사탄과 죄와 질병과 두려움과 죽음과 궁핍입니다.

주님께서 그 모든 것을 사로잡아 사람을 자유하게 하셨습니다.

히브리서 4:14에서는 우리의 믿음의 고백을 굳게 붙잡으라고 말씀하고 있습니다.

"그러므로 우리에게 큰 대제사장이 계시니 승천하신 이 곧 하나님의 아들 예수시라 우리가 믿는 도리를[믿음의 고백을] 굳게 잡을지어다"

그 고백은 말로 표현된 믿음입니다. 그것이 우리의 원수에 대한 승리입니다. 그것이 우리의 확신입니다.

골로새서 2:5에 이렇게 되어 있습니다. "이는 내가 육신으로는 떠나 있으나 심령으로는 너희와 함께 있어 너희가 질서 있게 행함과 그리스도를 믿는 너희 믿음이 굳건한 것을 기쁘게 봄이라"

여기서 "믿음이 굳건한 것"이란 지속적인 승리의 고백을 의미합니다.

우리에게 승리 없는 고백이란 있을 수 없습니다.

"그러나 이 모든 일에 우리를 사랑하시는 이로 말미암아 우리가 넉넉히 이기느니라(정복자보다 더한 자이니라more than conquerors"롬 8:37

예수님께서 그분을 대적하는 통치자들과 권세들을 무장 해제시키시고 드러내어 구경거리로 삼으셨습니다.골 2:15

우리는 이제 잘못된 고백을 멈추고 즉시 어떻게 고백해야 하는지 또 무엇을 고백해야 하는지를 배우기 시작해야 합니다.

우리는 주님께서 우리가 어떤 존재인지 말씀하신 바로 그런 존재임을 고백하기 시작해야 합니다. 그리고 모든 상반된 증거들 앞에서 그 고백을 굳게 붙잡아야 합니다.

우리는 약해질 것을 거절합니다. 약함을 인정하기를 거절합니다.

우리는 잘못된 고백과 관련된 모든 것을 거절합니다.

우리는 주님께서 말씀하시는 바로 그런 존재입니다.

우리는 하나님의 말씀은 결코 실패하는 법이 없다는 것을 인식하며 두려움 없이 이 고백을 굳게 붙잡습니다.

제 13 장

기도

기도는 아버지와 힘을 합치는 것입니다. 그분과 교제하는 것이고 그분의 뜻을 이 땅 위에서 수행하는 것입니다.

하나님께서는 우리의 기도 생활에 제한받으시는 것처럼 보입니다. 아무도 아버지께 구하지 않는다면 그분은 인류를 위해 어떤 것도 행하실 수 없습니다.

왜 그런지는 나도 모르겠습니다.

단지 창세기 18장에서 힌트를 얻을 수 있습니다. 하나님께서 그분과 피의 언약을 맺은 친구인 아브라함에게 드러내신 후에야 소돔과 고모라의 멸망을 진행하셨습니다.

옛 언약 아래에서의 기도

창세기 18:22-25에 기록된 아브라함의 기도는 구약에서 발견되는 가장 분명하고도 가장 도발적인 기도입니다.

아브라함이 이렇게 말했습니다. "의인을 악인과 함께 멸하려 하시나이까? 성 중에 의인 오십 명이 있을지라도 주께서 그 곳을 멸하시고 그 오십 의인을 위하여 용서하지 아니하시리이까? 주께서 이같이 하사 의인을 악인과 함께 죽이심은 부당하오며 의인과 악인을 같이 하심도 부당하니이다. 세상을 심판하시는 이가 정의를 행하실 것이 아니니이까?"

여기서 아브라함은 언약 관계에 있어서 자신의 위치를 활용하고 있는 것입니다.

아브라함은 언약을 통해서 우리로서는 거의 이해할 수 없는 권리와 특권들을 받았습니다.

아브라함과 여호와 사이에 엄숙하게 맺어진 언약을 통해 그는 하나님과 마주할 수 있는 법적 권한을 얻었습니다.

우리는 그가 꾸밈없이 솔직하게 말하는 것을 볼 수 있습니다. "세상을 심판하시는 분이 정의를 행하셔야 하지 않겠습니까?" 이는 소돔과 고모라를 위한 중보였습니다.

언약에 있어서 자신의 위치를 이해하고 활용했던 사람들을 구약 전반에 걸쳐서 발견할 수 있습니다.

여호수아는 요단강을 가를 수 있었습니다. 그는 태양과 달과 별들에게 멈추라고 명령했습니다.

엘리야는 하늘로부터 불을 명하여 제물뿐 아니라 제단까지

태워버렸습니다.

다윗의 용사들은 전쟁에서 말 그대로 죽음으로부터 보호를 받았습니다. 그들은 그 언약을 기억하고 있는 동안에는 슈퍼맨이 되었습니다.

실제로 구약의 모든 기도들은 언약의 사람들이 한 기도였습니다.

그들은 당연히 응답을 받았습니다. 하나님께서 그들의 간구에 주의를 기울이셨습니다.

새 언약 아래에서의 기도

신약은 새로운 언약입니다.

믿는 자들은 기도에 있어서 언약의 권리를 가지고 있습니다.

"나 곧 나는 나를 위하여 네 허물을 도말하는 자니 네 죄를 기억하지 아니하리라 너는 나에게 기억이 나게 하라 우리가 함께 변론하자 너는 말하여 네가 의로움을 나타내라" 사 43:25-26

이것은 언약의 수호자이신 하나님께서 이스라엘에게 도전하시는 장면입니다.

이것은 교회를 향한 도전입니다.

"나에게 기억이 나게 하라." 다른 말로 하면, 기도할 때에 그분의 약속을 그분께 상기시키라는 의미입니다.

위대한 기도의 사람들은 언제나 하나님의 약속을 그분께 상기시켜드리며 그분 앞에서 합법적인 변론을 했습니다.

기도할 때, 보좌 앞에 서서 당신의 사건을 변호사처럼 변론하십시오.

변호사는 계속해서 법과 판례들을 인용합니다.

하나님의 말씀, 하나님의 언약의 약속들을 제시하며 당신의 권리를 주장하십시오.

"너는 나에게 기억이 나게 하라 우리가 함께 변론하자. 너는 말하여 네가 의로움을 나타내라."

사건을 하나님 앞에서 해결하자는 하나님의 도전입니다.

만일 당신의 자녀들이 구원을 받지 못했다면, 당신의 사건을 다루고 있는 성경 구절을 찾아서 그 문제를 주님 앞에 가지고 나가십시오.

"이스라엘의 거룩하신 자 곧 이스라엘을 지으신 여호와께서 가라사대 장래 일을 내게 물으라 또 내 아들들의 일과 내 손으로 한 일에 대하여 내게 부탁하라" 사 45:11,개역한글

이 구절은 예언적인 구절입니다. 이스라엘에게는 적용되지 않습니다. 이 구절은 당신 것입니다.

"장래 일을 내게 물으라." 이는 미래의 일들, 당신의 인생이나 당신 가족 혹은 공동체나 정부와 관련될 수 있는 일들입니다.

"내 손으로 한 일에 대하여 내게 부탁하라."

이 구절은 요한복음 15:7과 완벽하게 일치합니다. "너희가 내 안에 거하고 내 말이 너희 안에 거하면 무엇이든지 원하는 대로 구하라 그리하면 이루리라"

"구하다ask"라는 단어는 '요구하다demand' 라는 의미입니다.

거만하게 명령하라는 것이 아닙니다. 파트너로서 요구하십시오.

그 사건을 그분 앞에서 진술하십시오.

당신 인생의 드라마에서 그분께서 맡으신 역할에 대해 그분의 주의를 상기시켜 드리십시오.

당신이 지속적으로 사용해야 하는 구절이 바로 이사야 55:11입니다.

9절과 10절을 먼저 주의해서 읽으십시오. "이는 하늘이 땅보다 높음 같이 내 길은 너희의 길보다 높으며 내 생각은 너희의 생각보다 높음이니라 이는 비와 눈이 하늘로부터 내려서 그리로 되돌아가지 아니하고 땅을 적셔서 소출이 나게 하며 싹이 나게 하여 파종하는 자에게는 종자를 주며 먹는 자에게는 양식을 줌과 같이 내 입에서 나가는 말도 이와 같이 헛되이 내게로 되돌아오지 아니하고 나의 기뻐하는 뜻을 이루며 내가 보낸 일에 형통함이니라"

이 구절이 바로 기도 생활에 있어서의 뼈대입니다.

하나님으로부터 나온 어떤 말씀도 헛되이 돌아오지 못합니다.

"여호와께서 내게 이르시되 네가 잘 보았도다 이는 내가 내 말을 지켜 그대로 이루려 함이라 하시니라"렘 1:12

당신이 담대히 서기만 한다면, 하나님께서 그 말씀을 지켜 이루십니다.

여호와의 기억

"예루살렘이여 내가 너의 성벽 위에 파수꾼을 세우고 그들로 하여금 주야로 계속 잠잠하지 않게 하였느니라 너희 여호와로 기억하시게 하는 자들아 너희는 쉬지 말며 또 여호와께서 예루살렘을 세워 세상에서 찬송을 받게 하시기까지 그로 쉬지 못하시게 하라"사 62:6-7

여기서 우리는 여호와께서 그분으로 하여금 "기억하시게 하는 자들"을 세우라고 제안하시는 것을 볼 수 있습니다. 그들의 임무는 이 약속들과 사실 관계들을 주님께 명확하게 상기시켜 드리는 것입니다.

"주의 이름을 부르는 자가 없으며 스스로 분발하여 주를 붙잡는 자가 없사오니 이는 주께서 우리에게 얼굴을 숨기

시며 우리의 죄악으로 말미암아 우리가 소멸되게 하셨음이니이다"사 64:7

다니엘은 스스로 분발하여 기도했습니다. 그는 기도에 헌신했습니다.

그는 예레미야를 통해 주신 하나님의 약속을 그분께 상기시켜드렸습니다. 이스라엘은 회복된다고 했습니다. 그들은 약속한 땅으로 다시 돌아가야 했습니다. 바빌론에서의 포로 생활은 끝나야만 했습니다.

다니엘 9장을 주의 깊게 읽으십시오.

사탄은 기도에 반대하고 막아서려고 합니다.

다니엘 10:20에 기록되어 있는 천사와 귀신들의 싸움을 읽어보기 바랍니다.

"너는 내게 부르짖으라 내가 네게 응답하겠고 네가 알지 못하는 크고 은밀한 일을 네게 보이리라"렘 33:3

하나님께서는 우리가 기도로 그분과 동역하도록 도전하고 계십니다. 하나님께서는 우리를 축복하기 원하십니다.

"그들이 돌이켜 하나님을 거듭거듭 시험하며 이스라엘의 거룩하신 이를 노엽게 하였도다(제한하였도다)"시 78:41

우리가 그렇게 해왔습니다.

우리가 기도 가운데 하나님을 제한해왔습니다.

우리가 하나님과의 교제와 동역이라는 위대한 약속을

깨닫지 못하고 방치하고 있었습니다.

예수님께서는 단지 기도에 관해 가르치셨을 뿐만 아니라 기도하는 분이셨습니다.

예수님께서 어떤 내용으로 기도하셨는지, 그리고 어떤 방식으로 기도하셨는지 기록이 남아있다면 얼마나 좋겠습니까?

우리는 예수님께서 여러 번 무리를 떠나 밤새도록 기도하시며 아버지와 함께 보내신 사실을 알고 있습니다.

우리는 주님께서 단순하게 교제를 위해서 그러셨는지, 아니면 잃어버린 세상을 위해 기도하셨는지 알 수는 없습니다.

합심 기도

마태복음 18:18-20은 합심 기도를 묘사하고 있습니다.

"진실로 너희에게 이르노니 무엇이든지 너희가 땅에서 매면 하늘에서도 매일 것이요 무엇이든지 땅에서 풀면 하늘에서도 풀리리라 진실로 다시 너희에게 이르노니 너희 중의 두 사람이 땅에서 합심하여 무엇이든지 구하면 하늘에 계신 내 아버지께서 그들을 위하여 이루게 하시리라 두세 사람이 내 이름으로 모인 곳에는 나도 그들 중에 있느니라"

정말 놀라운 구절입니다. "두세 사람이 내 이름으로 모인 곳에는 나도 그들 중에 있느니라."

이것은 주님과의 중역회의라고 할 수 있을 것입니다.

우리가 사업을 위해 모여 주님의 임재 가운데 앉아서 계획하고 토론하고 기도합니다. 주님께서 "두 사람이 합심하면"이라고 말씀하셨기 때문입니다.

모인 모임이 아주 작을 수도 있습니다. 남편과 아내 둘 뿐일 수도 있습니다. 그러나 그 둘이 다루는 문제가 무엇이든 일치하기만 한다면, 그대로 될 것입니다. 이것은 도전입니다.

모든 믿는 사람들은 동의할 한 사람, 즉 함께 기도하여 동참할 한 사람을 찾아야 합니다.

우리는 기도 프로그램을 만들고, 기도 제목들과 사람들의 명단을 만들어 아버지 앞에 슬기롭게 내어 드려야 하겠습니다.

"너희가 내 안에 거하고 내 말이 너희 안에 거하면 무엇이든지 원하는 대로 구하라 그리하면 이루리라 너희가 열매를 많이 맺으면 내 아버지께서 영광을 받으실 것이요 너희는 내 제자가 되리라" 요 15:7-8

우리가 거듭났다면 우리는 그분 안에 거하고 있는 것입니다.

그분의 말씀이 우리 안에 얼마만큼 거하는 가는 얼마나 그 말씀이 우리의 삶을 다스리고 우리가 그 말씀에 따라 행동하는지에 달려 있습니다.

믿음의 문제는 기도와 상관이 없습니다.

그분 안에 거하는 사람은 당연히 믿음이 있습니다.

하나님의 가족의 일원이 되기 위해서는 믿음이 필요합니다.
우리는 이미 가족이므로 믿음은 문제가 없습니다.
문제는 말씀이 우리 안에 거하는 것에 있습니다.
우리가 말씀대로 살면, 기도를 시작할 때 우리 안에 풍성히 거하고 있는 그 말씀이 우리 입술에서 하나님의 말씀으로 나오게 될 것입니다.
그것은 마치 아버지의 말씀이 주님의 입술에서 나오는 것과 같을 것입니다.

어떻게 기도할까?

"너희가 나를 택한 것이 아니요 내가 너희를 택하여 세웠나니 이는 너희로 가서 열매를 맺게 하고 또 너희 열매가 항상 있게 하여 내 이름으로 아버지께 무엇을 구하든지 다 받게 하려 함이라" 요 15:16

여기서 기도는 예수 이름으로 아버지께 하는 것입니다. 그것은 신성한 주문order입니다.

이 선언문은 우리의 환경 안으로 재정이나 가정, 사업 혹은 국가의 어떤 필요에 하나님을 모셔 들이는 능력을 내포하고 있습니다. "내 이름으로 아버지께 무엇을 구하든지 다 받게 하려 함이라"

우리는 예수님께 기도하는 것이 아닙니다. 우리는 예수 이름으로 아버지께 기도하는 것입니다.

예수님께서 우리에게 대리인의 능력을 주신 것이 사실입니다.

그 의미는 예수님께서 하실 수 있는 것은 우리도 할 수 있다는 뜻입니다.

그 의미는 예수 이름이 우리에게 아버지의 임재 안에 들어가서 우리 기도가 응답받는 것을 볼 수 있는 권리를 준다는 뜻입니다.

예수님께서 우리 기도의 배후이십니다. 그분께서 보장하십니다.

"그 날에는 너희가 아무 것도 내게 묻지 아니하리라 내가 진실로 진실로 너희에게 이르노니 너희가 무엇이든지 아버지께 구하는 것을 내 이름으로 주시리라 지금까지는 너희가 내 이름으로 아무 것도 구하지 아니하였으나 구하라 그리하면 받으리니 너희 기쁨이 충만하리라" 요 16:23-24

우리는 아버지께 예수 이름으로 기도해야 합니다.

우리는 주님과 교제하고 어떤 사안에 대해서 주님께 말씀드릴 수 있습니다. 그러나 법적인 근거에 따른 기도에 있어서는 예수 이름으로 직접 아버지께로 향하는 것입니다.

여기에는 어떤 불가능도 존재하지 않습니다.

우리가 아버지와 함께 행한다면, 그분의 뜻에서 벗어나 있는 어떤 것도 기도하지 않을 것입니다.

"믿음"이라는 단어는 여기 어디에도 관련이 없습니다.

우리는 가족의 일원이 되는 믿음을 이미 가졌습니다. 이제 예수님께서 하신 모든 일이 우리에게 속해있습니다.

우리는 그것을 잘 활용하고 있습니다.

우리는 하나님의 자녀라는 부분을 행하고 있는 것입니다.

"그를 향하여 우리가 가진 바 담대함이 이것이니 그의 뜻대로 무엇을 구하면 들으심이라 우리가 무엇이든지 구하는 바를 들으시는 줄을 안즉 우리가 그에게 구한 그것을 얻은 줄을 또한 아느니라" 요일 5:14-15

아버지의 뜻입니다

믿는 사람이 말씀과 교제를 나누며 살아간다면 아버지의 뜻에서 벗어난 어떤 것도 구할 수가 없습니다.

그런 것은 걱정할 필요가 없습니다.

우리는 잃어버린 자들을 구원하는 것이 그분의 뜻이라는 것을 알고 있습니다. 예수님께서 그것을 위해 죽으셨기 때문입니다.

"하나님이 세상을 이처럼 사랑하사 독생자를 주셨으니

이는 그를 믿는 자마다 멸망하지 않고 영생을 얻게 하려 하심이라"요 3:16

우리는 병든 자들을 치유하는 것이 아버지의 뜻이라는 것을 알고 있습니다. 그리스도께서 우리의 연약한 것을 친히 담당하시고 병을 짊어지셨기 때문입니다.

"친히 나무에 달려 그 몸으로 우리 죄를 담당하셨으니 이는 우리로 죄에 대하여 죽고 의에 대하여 살게 하려 하심이라 그가 채찍에 맞음으로 너희는 나음을 얻었나니"벧전 2:24

우리는 필요한 재정을 채우기 위한 기도가 그분의 뜻이라는 것을 알고 있습니다.

"나의 하나님이 그리스도 예수 안에서 영광 가운데 그 풍성한 대로 너희 모든 쓸 것을 채우시리라"빌 4:19

이 정도면 사실상 모든 분야에 다 적용된다고 할 수 있습니다.

우리는 사역자들을 위해 그들이 성령의 능력 가운데 말할 수 있도록 기도할 수 있습니다.

우리는 이방 나라들의 잃어버린 자들을 위해 기도할 수 있습니다.

이 모든 것이 그분의 뜻 안에 있습니다.

우리는 담대함으로 그분께 나아갈 수 있습니다.

"예수께서 그들을 보시며 이르시되 사람으로는 할 수 없으나

하나님으로서는 다 하실 수 있느니라"마 19:26

우리는 모든 능력을 가지고 계신 그분께 나아가고 있는 것입니다.

예수님께서는 마태복음 21:22에서 유대인들에게 말씀하셨습니다. "너희가 기도할 때에 무엇이든지 믿고 구하는 것은 다 받으리라 하시니라"

"그러므로 내가 너희에게 말하노니 무엇이든지 기도하고 구하는 것은 받은 줄로 믿으라 그리하면 너희에게 그대로 되리라"막 11:24

아직 구체화되지는 않았지만 그분께 구한 것을 이미 소유한 것으로 인해 감사하는 믿음을 여기서 볼 수 있습니다. 이는 그것이 그의 것이라는 것을 알고 있기 때문입니다.

"예수께서 이르시되 할 수 있거든이 무슨 말이냐 믿는 자에게는 능히 하지 못할 일이 없느니라 하시니"막 9:23

주님과 협력하는 사람에게, 주님과 교제하는 사람에게, 주님의 동역자에게는 모든 것이 가능합니다.

제 14 장

우리가 믿어야 할 것들

초대 교회 당시 그리스도인들은 "믿는 사람"으로 불렸습니다.

예수님께서 "믿는 자에게는 능히 하지 못할 일이 없느니라"라고 하셨을 때, "믿는 자"라는 헬라어는 "믿고 있는 사람"이라는 뜻입니다.

예수님께서 "믿는 자들에게는 이런 표적이 따르리니"라고 말씀하셨을 때에도 역시 믿고 있는 사람이라는 의미였습니다.

믿는 사람은 실제로 소유자라는 의미이며, 그리스도를 영접하고 영생을 받아 한 가족 안에 자리를 차지한 사람을 의미합니다.

단순히 지적 동의만으로 그리스도인임을 자칭하는 자들은 그의 영 안에 영생의 실재가 없습니다. 그들은 그것을 소망하고 동경하며 언젠가 얻게 되리라고 꿈꾸고 있지만, 믿는 사람은 이미 얻은 기쁨으로 아버지께 감사를 드립니다.

"믿다believe"라는 단어는 동사입니다. "믿음faith"이라는 단어는 명사입니다. 예수님께서 "믿다"라는 단어를 사용하신 경우는 모두 소유를 의미하셨습니다.

"진실로 진실로 너희에게 이르노니 믿는 자는 영생을 가졌나니"요 6:47

믿는다는 것은 소유와 상응하는 것이었습니다.

오늘날도 마찬가지입니다.

믿지 말아야 할 것들

우리는 실패를 믿어서는 안 됩니다. 우리는 실패를 생각하거나 말하지도 말아야 합니다. 우리가 믿는 사람들이기 때문입니다.

믿는 사람은 아버지의 마음 안에서는 이미 성공입니다.

그는 하나님의 친자입니다.

우리는 부족함이나 무능력을 절대로 말하지 말아야 합니다.

우리는 연약함을 언급조차 하지 말아야 합니다.

우리는 하나님께서 우리 생명의 힘이 되신다는 것과 우리가 하나님의 능력을 받았다는 것을 기억해야 하겠습니다.

예수님께서는 제자들에게 위로부터 능력power이 임할 때까지 예루살렘에 머물라고 하셨습니다.

영어로는 힘power이라고 번역된 이 단어는 헬라어로는 능력ability이라는 의미입니다.

그래서 그들은 하나님의 능력을 받을 때까지 예루살렘에 머물렀습니다.

우리는 이 부분을 제대로 공부해본 적이 없습니다. 우리는 설명을 들어본 적이 없습니다. 얼마나 가슴 아픈 일입니까? 감히 "하나님이 나의 능력이시다"라고 말하지 못했습니다.

주님께서 하셨을 일이라면 우리도 그 일을 할 능력을 가지고 있는 것입니다.

우리는 예수님이 그러셨던 것처럼 못생기고 혐오스러운 사람들도 사랑할 수 있는 능력을 가지고 있습니다.

그리스도께서는 악하고 가치 없는 사람들을 위해서 죽으셨습니다.

우리는 가치 없고 사악한 이들을 위해서 살 수 있는 능력을 가지고 있습니다.

우리는 말씀을 알 수 있는 능력을 가지고 있습니다. 하나님께서 우리의 능력이시기 때문입니다. 그분이 말씀의 저자이십니다.

우리는 절대로 미움을 말해서는 안 됩니다. 미움은 우리

대적의 증표이기 때문입니다.

우리 자신이 그런 생각을 하는 것을 허용하지 말아야 합니다.

우리는 틀린 것이 승리할 수 있다거나 죄가 이길 수 있다고 스스로 인정하지 않도록 자신에게 한순간도 허용하지 말아야 합니다.

우리는 하나님의 대리인입니다. 우리는 예수님의 자리에서 예수님의 일을 합니다.

우리는 모든 권세를 가지고 계신 그분의 이름을 가지고 있습니다. 우리는 우리의 지혜가 되신 그분을 가지고 있습니다.

우리는 우리의 능력이 되신 그분을 가지고 있습니다.

이 사실을 알았다면 우리는 슈퍼맨이 되었을 것입니다.

주님께서 우리를 어떻게 바라보시고 어떻게 생각하고 계시는지 이해한다면 결코 연약함이나 실패나 부족함을 이야기하지 않았을 것입니다.

우리는 하나님과 같은 부류에 속한 존재입니다. 우리는 그분의 본성을 부여받은 사람입니다.

우리는 예수님의 빈자리를 대신 채우고 있습니다.

우리는 예수님께서 하시던 일과 같은 종류의 일을 하고 있습니다.

"나를 믿는 자는 내가 하는 일을 그도 할 것이요 또한 그보다 큰 일도 하리니 이는 내가 아버지께로 감이라 너희가 내 이름으로 무엇을 구하든지 내가 행하리니 이는 아버지로 하여금 아들로 말미암아 영광을 받으시게 하려 함이라"

우리는 연약함과 실패가 지배하던 예전의 감각의 영역에서 걸어 나와 성공과 승리의 새로운 영역으로 들어가야 합니다.

우리는 의로 인하여 하나님의 보좌 앞에 다가갈 수 있게 되었음을 알고 있습니다. 우리는 그분의 보좌 앞에 다가갈 수 있는 예수님과 똑같은 권리를 가지고 있습니다.

이제 기도가 새로운 기초 위에 놓였습니다. 우리는 애원하거나 울부짖지 않습니다. 우리는 아들과 딸로서 그 책임을 맡아 세상의 필요를 그분께 내어 놓습니다.

기도는 마치 중역회의처럼 되었습니다.

우리는 어떤 특별한 필요를 채우기 위해 공식적인 요청을 가지고 회의에 들어가는 것입니다.

제 15 장

받는 것이지
버리는 것이 아닙니다

우리는 세상에 잘못된 메시지를 전해왔습니다.

세상을 향한 우리의 메시지는 "버리는 것과 치우는 것"이었습니다.

우리는 그들에게 해야 하는 일들을 말해왔습니다. 그러나 사실은 하나님께서는 세상에게 아무것도 포기하라고 요구하신 적이 없다는 것입니다.

이렇게 반문할지 모르겠습니다. "하나님께서 그들에게 그들의 죄를 포기하라고 하시지 않았습니까?" 아닙니다.

"하나님께서 그들의 악함과 반역을 포기하라고 하시지 않았습니까?" 아닙니다.

뺄셈이 아닙니다. 덧셈입니다.

빼앗는 것이 아니라 더하는 것입니다.

하나님은 주는 분이십니다. 우리는 받는 자들입니다.

"하나님이 세상을 이처럼 사랑하사 독생자를 주셨으니"
요 3:16

하나님께서는 인류에게 아무것도 내놓으라고 요구하신 적이 없습니다.

하나님께서 우리의 가난함을 보셨습니다. 우리가 드릴 수 있는 것이라고는 그분께 아무 쓸모가 없는 것들뿐임을 보셨습니다.

하나님은 주는 분이십니다. 왕이신 그분께서는 주기만 하셨고, 또 그렇게 하실 수 있으십니다.

그분께서는 우리에게 어떤 것도 포기하라거나 어떤 것도 치워버리라고 하지 않으셨습니다.

그분께서는 우리에게 뭔가를 받으라고 요구하셨습니다.

그분께서 가장 먼저 제공하신 것은 부족함, 실패, 연약함, 아픔이나 질병에 대한 두려움으로부터의 속량입니다. 그분께서 이 모든 것으로부터의 속량을 주셨습니다.

믿을 수도 없고 가능할 것 같아 보이지도 않았습니다.

그분께서 원수의 모든 일로부터의 속량을 제공해 주셨습니다.

이 사실을 생각하면 흥분을 감출 수가 없습니다!

골로새서 1:13-14에서 정말 놀라운 진리를 발견할 수 있습니다. "그가 우리를 흑암의 권세에서 건져내사 그의 사랑의 아들의 나라로 옮기셨으니 그 아들 안에서 우리가 속량 곧 죄 사함을 얻었도다"

주의 깊게 살펴보기 바랍니다. 그분께서 우리에게 요구하신 것이 아무것도 없습니다.

하나님께서 자발적으로 시작하시고 손수 다 지불하셔서 어둠과 연약함과 무지와 실패의 권세로부터 우리를 속량하셨습니다. 그리고 우리가 속량 받았다는 복된 소식을 전해주는 계시를 주셨습니다. 우리가 구원을 받을 수도 있다는 이야기가 아니었습니다. 우리가 선해지고 죄들을 포기해야 한다는 조건도 없었습니다. 그렇습니다. 우리는 이미 어둠의 권세로부터 빠져나왔습니다.

"어둠"이라는 단어 안에는 모든 속박과 사탄의 증오, 비통, 질투의 전체 시스템이 들어있습니다.

사탄의 모든 것이 "어둠"이라는 단어 안에 다 들어있습니다.

그 안에 무지가 있습니다. 눈물이 있습니다. 굶주림이 있습니다. 빈곤이 있습니다. 결핍이 있습니다. 질병과 아픔과 괴로움이 있습니다.

우리는 그곳에서 빠져나왔습니다.

누가 우리를 사탄이 지배하는 영역의 권세로부터 빼내셨습니까?

그분께서 우리를 빼내셨을 뿐만 아니라 우리를 그의 사랑의 아들의 나라로 옮겨주셨습니다. 그 아들 안에서 우리가 속량 즉 죄 사함을 얻었습니다.

얼마나 가슴 아픈 일입니까.

우리는 이렇게 배우지도 않았고, 이렇게 설교하지도 않았습니다. 정반대로 했습니다.

하나님께서 우리에게 밖으로 나가서 죄인을 후려치며 포기해야 하는 것들과 항복해야 하는 것들을 말하라고 하신 것은 어디에서도 찾을 수 없습니다.

만약 죄인이 그리스도를 구원자로 받아들이면 그것이 회개입니다. 그가 심령 가운데 그리스도를 자신의 주님으로 고백한다면 그것이 믿는 것입니다.

하나님께서는 이 놀라운 속량을 받으라고 말씀하셨을 뿐만 아니라 예수님을 주님으로 받아들일 것을 요구하셨습니다.

이것은 모압 사람인 룻이 보아스를 남편으로 받아들인 것과 같습니다. 보아스를 남편으로 맞는다는 것은 모든 가난과 궁핍이 끝났다는 것을, 통렬한 괴로움과 두려움이 끝났다는 것을, 굶주림과 고생이 끝났다는 것을 의미했습니다.

그녀는 언덕 위 저택의 여주인이 되었습니다. 올리브와 석류와 복숭아와 오렌지가 열리는 거대한 과수원이 그녀의 것이 되었고, 거대한 밀밭이 그녀의 소유가 되었습니다.

그녀가 자신의 가난을 내버린 것이 아닙니다. 그녀는 남편의 부유함을 받았을 뿐입니다.

그녀가 자신의 외로움을 내버린 것이 아닙니다. 그녀는 남편과의 교제를 받아들였을 뿐입니다.

그녀가 자신의 연약함과 괴로움과 두려움을 내버린 것이 아닙니다. 그녀는 남편의 풍성함과 보호와 돌봄을 받았을 뿐입니다.

하나님께서 우리에게 오셨습니다. 그분은 우리에게 예수님을 주님으로 받아들이고, 우리의 연약함과 실패는 이제 끝났다는 것과 우리가 발견한 그분의 힘과 충만함과 능력에 대해 기쁨으로 세상에 전하기를 요구하고 계십니다.

"주님Lord"이라는 단어는 식량의 공급자라는 중요한 의미를 가지고 있습니다.

그분이 우리의 식량의 공급자이십니다. 그분이 우리의 힘의 공급자이십니다. 그분이 우리의 능력의 공급자이십니다.

"우리가 다 그의 충만한 데서 받으니 은혜 위에 은혜러라"
요 1:16

우리는 받는 자입니다.

우리는 더 이상 하나님께 오셔서 축복해달라고 울부짖는 걸인이 아닙니다.

우리는 하늘의 모든 신령한 복을 받았습니다.

우리는 그분의 부유함으로 부유합니다.

우리는 그분의 충만함으로 충만합니다.

우리는 그분으로 만족합니다.

그분이 우리의 부활하신 주님이십니다. 우리 주님이십니다.

그분께서 우리에게 영생 곧 그분의 본성을 받으라고 하셨습니다.

이로 인해 우리는 새로운 피조물이 되었습니다. 우리는 그리스도 예수 안에서 창조되었습니다.

실패와 연약함과 죄의 옛 것들은 이미 사라져버렸습니다. 보십시오. 모든 것이 새 것이 되었습니다. 이 모든 것이 우리를 자신과 화목하게 하신 하나님으로부터 말미암았습니다.

우리가 우리 자신을 화해시킨 것이 아닙니다. 우리는 화해와는 전혀 무관한 존재였습니다. 우리는 새로운 피조물과 전혀 무관한 존재였습니다. 그러나 단지 그것을 받았을 뿐입니다.

모든 것이 하나님으로부터 말미암았습니다

우리는 그것을 이해할 수 없습니다. 그것은 우리의 한계를 넘어서는 것입니다.

그것은 영의 영역에 있으며, 은혜와 영광의 풍성함의 영역에 있습니다.

이 새로운 피조물은 우리로 전능하신 하나님의 자녀가 되게 하였습니다.

이제 하나님은 우리의 아버지이십니다. 우리는 그분의 자녀이며 그분의 가족의 일원입니다.

이렇게 놀라운 일이! 이런 은혜가! 이렇게 기쁜 일이!

이 얼마나 위로가 되고 이 얼마나 힘이 됩니까!

우리가 그분의 속량을 받을 때, 우리는 옛 속박과 습관에서 자유롭게 됩니다. 우리가 그분의 주 되심을 받아들일 때, 속량받았다는 사실을 기쁨으로 세상에 말하게 됩니다.

영생이 우리를 그분과 연결해 줍니다.

우리는 구하지도 않았습니다. 우리는 간청하거나 기도하지도 않았고, 속량을 주신다면 우리가 뭔가를 하겠다고 약속한 적도 없습니다.

우리가 해야 할 일이라고는 단지 그 선물을 인정하고 하나님께 감사하는 것뿐입니다.

당신은 이렇게 물을 수도 있습니다. "하지만 우리 죄는 어쩌지요?"

그분의 희생으로 우리의 죄가 모두 사라졌습니다.

그 일은 우리와 전혀 무관한 일이었습니다.

우리가 오랫동안 속박에 묶여있을 때, 어느 날 누군가 다가와서 말했습니다. "그분께서 자신의 희생으로 당신의 죄를 없애버리신 것을 알고 있어요?"

우리는 이렇게 대답했습니다. "예, 그 이야기를 읽은 적이 있어요. 그런데 전혀 이해하지 못하겠어요."

우리를 원수의 속박 아래 묶어두던 그것이, 우리를 정죄하던 그것이 이제 사라져 없어졌습니다. 우리의 심령은 이제 기쁨으로 가득 찼습니다.

"친히 나무에 달려 그 몸으로 우리 죄를 담당하셨으니"

그분께서 우리의 죄를 가지고 죄가 되신 것은 그분의 의로 우리가 의롭게 되게 하시기 위함이었습니다.

이제 더 이상 죄가 우리를 지배할 수 없습니다.

"우리는 다 양 같아서 그릇 행하여 각기 제 길로 갔거늘"

아버지께서는 우리가 어떠했던 것과 우리가 행한 모든 것을 그리스도께 짐 지우셨습니다.

침례 요한이 말했습니다. "보라 세상 죄를 지고 가는 하나님의 어린 양이로다"

하나님께서 죄 문제를 처리하셨습니다.

하나님께서는 우리에게 처리하라고 요구하지 않으셨습니다. 하나님께서는 죄에 관해서 우리에게 단 한 가지도 요구하지 않으셨습니다. 그분께서는 우리가 죄인이었던 것을 뉘우치는 것조차도 요구하지 않으셨습니다.

왜입니까? 죄인이 된 것이 우리 잘못은 아니기 때문입니다.

어느 나라에 태어난 것이 그 사람의 잘못이라고 할 수 있습니까? 아닙니다. 그가 뭔가 잘못해서 그렇게 된 것이 아닙니다.

우리는 우리의 죄의 상태와 무관했습니다. 도리어 우리는 어쩔 수 없이 죄들을 저지르며 살아왔습니다. 그것들은 우리의 본성 안의 죄의 상태에서 자라난 것이었습니다.

이제 그분께서 우리에게 다가오셔서 그 죄를 없애버리셨다고, 우리가 지금껏 저질러 온 모든 죄들을 제거하셨다고 말씀하셨습니다.

그분께서는 우리에게 뭔가를 행하라고 요구하고 계시지 않습니다.

모두 은혜로 말미암았습니다

"너희는 그 은혜에 의하여 믿음으로 말미암아 구원을 받았으니 이것은 너희에게서 난 것이 아니요 하나님의 선물이라 행위에서 난 것이 아니니 이는 누구든지 자랑하지 못하게 함이라 우리는 그가 만드신 바라 그리스도 예수 안에서 선한 일을 위하여 지으심을 받은 자니 이 일은 하나님이 전에 예비하사 우리로 그 가운데서 행하게 하려 하심이니라" 엡 2:8-10

언제 아버지의 마음 가운데 새로운 피조물이 사실이 되었습니까? 예수님께서 죽은 자들 가운데서 살아나셨을 때입니다.

언제 우리가 의롭다 여기심을 받아 의로운 자가 되었다고 선언되었습니까? 예수님께서 죽은 자들 가운데서 살아나시고 지극히 높으신 왕의 보좌 우편에 앉으셨을 때입니다.

그렇다면, 이러한 새로운 피조물과 칭의와 의로움 모두가 우리를 지금껏 기다렸다는 말입니까? 그것이 사실입니다.

그분께서는 우리에게 뭔가를 하라고 요구하지 않으시고 그저 받으라고 하셨습니다.

만일 우리가 우리의 속량을 위해서 그분께 뭔가를 지불해야만 했다면, 그것은 더 이상 의로 말미암은 것이 아니라 행위로 말미암은 것입니다.

"너희는 그 은혜에 의하여 믿음으로 말미암아 구원을 받았으니 이것은 너희에게서 난 것이 아니요 하나님의 선물이라 행위에서 난 것이 아니니 이는 누구든지 자랑하지 못하게 함이라"엡 2:8-9

아들 됨은 선물입니다. 속량은 선물입니다. 영생은 선물입니다. 새로운 피조물은 선물입니다. 성령님은 선물이십니다. 예수님도 선물이셨습니다.

하나님께서 그토록 사랑하셔서 그 아들을 주셨습니다.

예수님은 선물이셨습니다. 아버지의 선물이셨습니다.

우리는 선물에 대가를 지불하지 않습니다.

제 16 장

감각이 지배하는 마음

우리 가운데 감각이 지배하는 마음mind으로는 결코 승리하는 계시 믿음을 가질 수 없다는 사실을 깨닫는 사람이 거의 없습니다.

오직 마음이 말씀을 실천함으로 새롭게 될 때에만 말씀이 힘을 발휘하게 됩니다.

이러한 마음의 새롭게 됨은 모든 위기 가운데 하루하루를 말씀에 근거해서 행동하여 말씀이 삶에서 바른 위치를 차지하게 될 때 생기게 됩니다.

믿는 사람은 그 마음이 새롭게 되기 전에는 살아있는 말씀을 누리지 못합니다.

새롭게 되지 않은 마음은 도리어 사람들의 말을 먹고 살아갑니다. 그런 마음은 사람들의 말은 먹고 살면서 하나님의 말씀은 먹지 않습니다.

사람들은 의사가 이렇게 말했다고 하면서 그 말을 따라서 행동합니다.

나는 하나님께서 말씀하신 것을 그들에게 말합니다. 그러면 그들은 머리를 흔들며 이렇게 말합니다. "아니요, 우리는 그 말을 따를 수 없어요."

감각이 지배하는 마음은 늘 불신과 전쟁을 벌입니다.

그런 마음은 두려움과 불확실의 영역 안에 삽니다. 말씀에 최종적인 권위를 부여하지 않으므로 어떤 문제도 해결할 수 없기 때문에 거듭 반복해서 같은 싸움을 벌이지만, 결과는 패배일 뿐입니다.

그 이유는 말씀이 아니라 감각이 그 마음을 지배하고 있기 때문입니다.

감각이 지배하는 마음은 불확실의 영역 안에 살고 있습니다.

말씀이 지배력을 갖기 전까지는 계시지식에 의해 움직이기보다는 감정에 따라 흔들리고 보이는 것과 들리는 것에 흔들릴 것입니다.

감각이 지배하는 사람들은 말씀을 읽을 때 그 말씀이 진리라고 선언하기는 하지만, 바로 그 다음 내뱉는 말은 감각지식입니다.

아픈 사람이 말씀이 절대 진리라고 말은 하지만, 곧 돌이켜 치료약을 찾습니다.

감각이 지배하는 마음은 말씀에 뿌리를 내리고 안식에 이를 수 없습니다.

그것은 두 마음을 품은 것입니다.

그것은 하나님의 말씀이 진리라고 말하며 말씀의 절대적인 진실성에 대해 사람들과 논쟁을 벌이려고는 하지만, 일상의 행동들은 그 말씀을 계속 부인하고 있습니다.

야고보는 이런 사람들을 두 마음을 품은 자라고 부르는데, 이는 "믿음"을 말하지만 "이성"으로 행동하는 것입니다.

그들은 "믿음"을 찾지만 결과는 "이성"적인 행동입니다.

두 마음을 품은 사람들은 늘 불안정합니다.

그들은 믿음과 이성의 사이 경계 지역에 살고 있습니다.

그들의 집은 그 두 나라 사이에 세워져 있습니다.

그들은 두 정부 모두로부터 시민권을 받으려고 하고 있습니다.

믿음은 하나님의 말씀 위가 아니고는 세워질 수가 없습니다.

제 17 장

새 계명과 의

교회를 지배하고 있는 법, 십계명을 대신하는 새 법, 모든 인간의 법 위에 군림하는 법, 그것은 사랑의 법입니다.

만일 누군가가 예수님과 같은 종류의 사랑으로 살아간다면 그는 죄를 억제하기 위해 주어진 어떤 법도 결코 위반하지 않을 것입니다.

누군가가 사랑 안에서 살아갈 때, 사실은 하나님 안에서 살아가는 것입니다. 하나님은 사랑이시기 때문입니다.

누군가가 사랑 안에서 살아갈 때 그는 더 이상 부정적일 수도, 중립적일 수도 없습니다.

그는 세상의 긍정적인 축복의 요소입니다.

누군가가 사랑의 법에서 벗어난다면, 그는 하나님의 영역에서 벗어난 것이고, 원수의 영역 안으로 들어간 것입니다.

누군가가 사랑이 없이 행동한다면, 그는 원수와 일치되어 행동한 것입니다. 그는 방어할 수 없는 장소로 자신을 몰아넣었습니다. 원수가 주도권을 갖습니다.

그가 사랑 안에서 행하는 한, 사탄은 그를 지배할 수 없습니다.

그가 사랑 밖에서 행할 때 그 안에 있는 믿음의 요소를 약화시키게 됩니다.

사랑 안에서 행하지 않으면 믿음으로 행할 수도 없습니다.

사랑의 삶을 살지 않으면 믿음의 삶을 살 수도 없습니다.

내 영 가운데 이 사실을 명확히 깨닫게 되기까지는 참으로 오랜 세월이 흘렀습니다. 그러나 이제 나는 알고 있습니다.

우리의 믿음은 우리의 사랑의 행함에 의해서 부지불식간에 측정됩니다.

사랑에서 벗어나서 말하고 행동하면 믿음은 약해질 수밖에 없습니다.

고린도전서 13장에서 사랑은 "자기의 유익을 구하지 않습니다." 아버지를 믿는 믿음과 이기심은 절대로 섞일 수 없는 것입니다.

우리가 믿음으로 걸을 때 우리는 환경과 상관없어지게 됩니다.

우리가 사랑 안에서 걸을 때 우리는 아버지의 보호 안에서 걷는 것이며, 그분의 지혜 안에서 걷는 것입니다.

아버지는 사랑이시며, 또한 빛이십니다.

아버지께서는 예수님을 우리의 지혜가 되게 하셨습니다.

우리가 그분과의 교제 가운데 걸어가면, 우리는 지혜를 가지고 있는 것입니다. 그분의 능력을 가지고 있는 것입니다.

마치 물이 물고기에게 자연스러운 것처럼 믿음은 우리에게 자연스러운 것입니다.

그것은 우리 존재의 일부분입니다.

하나님께서는 우리의 힘이시고 우리의 생명이시며 우리의 능력이십니다.

질병에 맞닥뜨렸을 때 의의 효과

우리는 예수님께서 사탄 앞에서나 사역에 임하실 때 어떻게 그렇게 말 그대로 두려움 없이 하셨는지 궁금해왔습니다.

그분께서는 나사로의 죽음 앞에서도 전혀 두려움 없는 확신 가운데 계실 수 있었습니다.

어떻게 그럴 수 있었습니까?

그것은 그분께서 의로우셨기 때문입니다.

죄는 사람을 겁쟁이로 만듭니다. 죄의식이 우리를 속박합니다.

우리는 우리가 하나님으로부터 말미암았고, 우리 안에

하나님이 계시다는 것을 알고 있습니다. 우리는 우리가 하나님의 의라는 것을 알고 있습니다. 우리는 사탄과 사탄의 역사 앞에서 예수님처럼 두려움 없이 설 수 있습니다. 『두 가지 의』 2012,믿음의말씀사를 읽으십시오.

의는 실제로 우리의 손아귀에 넣은 하나님의 능력입니다.

우리는 하나님 앞에 말 그대로 두려움 없이 섭니다. 우리가 새로운 피조물이라는 것을 인식하고 있기 때문입니다.

우리는 하나님 자신으로부터 창조되었고, 예수님께서는 그분의 이름을 사용하도록 중보자의 힘을 우리에게 주셨습니다.

"내 이름으로 귀신들을 쫓아내며"라고 말씀하셨습니다.

만일 우리가 귀신들을 쫓아낼 수 있는 것이라면, 사탄이 한 어떤 일도 우리가 무효화시킬 수 있다는 의미입니다.

우리는 사탄이 몸을 숨기고 있는 어디에서도 사탄의 능력을 분쇄할 수 있습니다.

우리는 그의 요새를 무너뜨리고 파괴할 수 있습니다.

우리는 아무 두려움 없이 그에게 쳐들어갈 수 있습니다. 그것은 그의 멸망을 의미하며 동시에 우리의 승리를 의미합니다.

우리는 사탄이 이미 정복되었다는 것을 알고 있습니다. 이전에 노예였던 우리가 이제 주인의 입장이 되었으며, 약했던 그곳에서 이제 우리는 강해졌음을 알고 있습니다.

우리는 하나님과 동일시되었습니다. 즉 우리는 두려움 없이 그분을 대신하여 예수님께서 이 땅에 사시던 것처럼 행동할 수 있습니다.

주님께서 하신 말씀 중 의미 없는 문장은 하나도 없습니다. "내가 진실로 진실로 너희에게 이르노니 나를 믿는 자는 내가 하는 일을 그도 할 것이요 또한 그보다 큰 일도 하리니 이는 내가 아버지께로 감이라 너희가 내 이름으로 무엇을 구하든지demand 내가 행하리니 이는 아버지로 하여금 아들로 말미암아 영광을 받으시게 하려 함이라"

이제 우리는 이것이 기도가 아니라는 것을 알고 있습니다. 아버지께 구하는 것이 아니라 귀신들에게 말하는 것입니다.

우리는 대적에게 정복자로서 두려움 없이 굳건한 태도로 대면합니다.

예수님께서 이렇게 말씀하셨습니다. "그에게서 나오라"

우리도 이렇게 말합니다. "네 주인의 이름으로 명하노니, 그에게서 나와라. 네가 속한 깊은 구덩이로 돌아가라. 이제 다시는 이 사람에게로 돌아와서 해를 끼치거나 다치게 하지 마라."

우리는 예수님을 대신하여 그분께서 하시던 일을 행하고 있습니다.

그분의 의가 우리에게 나눠졌고, 그 의로 말미암아 그분께서 하시던 일을 그분 대신 할 수 있는 능력이 주어졌습니다.

이것은 신령한 삶을 사는 새 날이며, 사람이 다스리는 세계의 새로운 질서입니다.

사탄은 옛 질서를 지배했습니다. 죄의식이 우리를 지배했습니다.

우리는 새로운 피조물이 그리스도 안에서 하나님의 의라는 것을 알게 되었습니다.

우리는 의가 신학적이거나 철학적인 개념이 아니라, 실제적인 의라는 것을 알고 있습니다.

우리의 죄의식을 의 의식으로 바꾸신 분은 하나님이십니다.

우리 가운데 역사하시며 말씀을 우리 가운데 세우셔서 하나님같이 생각하게 되고 하는 일을 잘 다스리게 하시는 분은 하나님이십니다.

우리는 더 이상 소심하거나 두려워하는 이들이 아닙니다.

이미 패배한 적 앞에 우리는 하나님의 자녀로서 서야 하겠습니다.

성경은 고린도전서 2:6에서 폐위된 세상의 권세에 대해 이야기하고 있습니다.

우리는 그들이 이미 폐위되었다는 것을 인식하고 있습니다.

우리는 우리가 이미 즉위했다는 것을 인식하고 있습니다.

하나님께서 우리와 함께 보좌에 앉으셨습니다.

우리는 지금껏 인류를 파괴해왔던 어둠의 세력들을 다스리는 사람입니다.

우리는 이제 우리 자리에서 올바른 역할을 하려고 합니다.

믿음과 의의 관계

믿음은 아버지와의 지속적인 교제를 통해 자라납니다.

의는 아버지의 임재 가운데 어떤 죄책감이나 열등감 없이 설 수 있는 능력입니다.

이는 그리스도께서 완성하신 사역의 결과이며, 의로 말미암아 새로운 피조물이 완성되었습니다.

아버지께서 그분의 본성으로 우리를 다시 창조하시면서, 사랑스럽지 못한 모든 것을 제거하시고 대신 그분 자신의 생명과 본성을 넣으셨다는 것을 알아야 합니다. 하나님께서는 새로운 피조물에 완전히 만족하셔서 우리 가운데 오셔서 거하시는 그분의 처소로 삼으셨다는 것을 깨달아야 합니다. 그럴 때에 우리는 우리가 그분께 얼마나 귀한 존재이며 말 그대로 값을 매길 수 없는 존재임을 깨달을 수 있습니다.

평등한 관계에서 교제를 나누지 못하는 아들과 딸들이라면, 아버지께는 만족스럽지 못할 것입니다. 그것은 그리스도를 통하여 이루신 일들이 말 그대로 실패라는 의미입니다.

우리는 사람이 태초에 아버지와의 완벽한 교제 가운데 있었다는 것을 확신합니다. 그 교제는 타락으로 인해 파괴되었습니다.

완벽한 속량은 잃어버린 교제를 회복해야만 합니다. 합법적인 토대에서 회복되어야만 합니다.

사람은 그의 아버지의 임재 가운데 완벽한 권리를 가지고 있다는 것을 알아야만 합니다.

그는 완전한 사랑의 삶을 세우기 위한 토대를 놓아야만 합니다. 이 완전한 사랑의 삶에서 믿음의 삶이 자라날 것입니다.

믿음은 사랑으로 역사합니다. 믿음과 사랑은 한 가족입니다.

사랑은 믿음을 낳고, 믿음은 사랑을 강화합니다.

하나님께서 우리를 재창조하셔서 새로운 피조물로 만드셨다는 것과 새로운 피조물은 우리에게 주어진 아버지의 본성이라는 것을 알면, 우리의 정상적인 위치가 바로 아버지의 임재 안에 있는 것임을 알게 될 것입니다.

예수님께서 말씀하셨습니다. "나는 포도나무요 너희는 가지라." 이 묘사는 예수님과 우리 사이의 완전한 교제를 강조하고 있습니다. 가지와 포도나무는 하나이기 때문입니다.

가지는 포도나무와 동일하게 의롭습니다. 포도나무가 그 생명과 의를 가지에게 나눠주기 때문입니다.

이 사실이 믿는 사람들 가운데 믿음을 세워줍니다. 우리는 그리스도 안에서 하나님의 의라는 것을 계속해서 확언해야 합니다.

우리는 말하고 또 말하고 계속 말해서 이러한 실재가 우리의 의식 가운데 일부가 되도록 해야 합니다.

우리는 4더하기 4가 8이 되는 것이 당연한 것처럼, 불에서는 열이 발생하는 것이 당연한 것처럼, 태양에서 빛이 나오는 것이 당연한 것처럼, 이 사실을 인식해야 합니다.

우리는 우리가 하나님께서 우리에 대하여 말씀하시는 바로 그런 사람이라는 것을 알고 있습니다.

하나님께서 우리를 그렇게 만드신 것이지, 그렇게 되고자 애를 쓰는 것이 아닙니다.

우리는 우리가 그리스도 안에서 어떤 존재인지를 풍성하고 풍요롭게 누리고 있습니다.

그분께서 예수님을 믿는 자의 의가 되신다고 말씀하셨을 때, 우리는 하나님께서 우리의 의가 되셨다는 것을 알 수 있습니다. 예수님께서 우리의 구원자와 주님이 되셨기 때문입니다.

우리는 우리가 의롭다는 것을 알고 있습니다.

사람은 사람이 되려고 애쓰지 않습니다. 마찬가지로 우리는 더 이상 의롭게 되려고 애쓰지 않습니다. 좋은 사람이 되려고 애쓸 수는 있습니다. 그러나 그는 이미 그의 본성이 만든 바 그대로입니다.

우리는 하나님께서 지으신 그대로입니다. 바로 하나님 자신의 의입니다.

성령님께서 바울을 통해서 말씀하셨습니다. 하나님께서 예수님을 우리의 지혜가 되게 하셨습니다.

우리는 예수님께서 우리의 지혜가 되셨음을 알고 있습니다.

그분께서 예수님께서 우리의 거룩함이 되셨다고 말씀하실 때, 우리는 그분의 거룩함으로 우리가 거룩하게 되었음을 아는 것입니다.

그분께서 우리의 속량이 되셨다고 선언하실 때, 그분께서 우리의 속량이 되셨으므로 우리는 우리가 속량 받았음을 아는 것입니다. 그 결과로 우리의 속량은 실재입니다.

마찬가지로, 예수님께서 우리의 의가 되셨다고 선언하셨습니다. 정말 그분께서 우리의 의가 되신 것이라면, 이제 우리가 아버지 앞에서 가지는 지위는 예수님과 동일한 것입니다. 이것이 하나님의 아들을 믿는 진정한 믿음의 기반입니다.

마가복음 11:22의 "하나님을 믿으라"라는 구절은 다른 번역에서는 "하나님의 믿음을 가지라"라고 되어 있습니다. 둘 다 맞습니다.

우리는 하나님의 살아있는 말씀으로 우리 안에 생겨난 하나님의 믿음을 가지고 있는데, 그것은 우리에게 나눠주신 그분의 본성으로 말미암은 것입니다.

우리는 하나님을 믿습니다. 아이들이 부모를 믿는 것은 정상적이고 자연스러운 일입니다.

우리는 우리를 성공시키고 치유하고 힘과 능력을 주고 삶의 문제를 해결하는 하나님의 능력을 더 믿지, 우리 안에 주신 하나님의 목적을 좌절시키는 대적의 능력을 믿지 않습니다.

다른 말로 하면, 우리는 대적의 능력을 믿는 믿음보다 하나님의 능력을 믿는 믿음을 더 많이 가지고 있습니다.

우리는 우리를 속박하려고 시도하는 우리 주변 환경이나 여건들을 믿는 믿음보다 아버지의 말씀을 믿는 믿음을 더 많이 가지고 있습니다.

우리에게는 이 세상의 다른 어떤 것보다 하나님이 더 크십니다. 우리는 우리 안에 계신 분이 우리 주변의 환경이나 영향들보다 더 크시다는 것을 알고 있습니다.

우리는 우리가 정복자보다 더한 자이며, 실패의 영역에서 빠져나와 성공과 승리의 영역에 들어와 있다는 것을 알고 있습니다.

죄의식이 믿음에 미치는 영향

믿음은 정죄의 분위기에서는 성장하지 못합니다.
우리가 죄의식의 영역에 머물러 있는 동안에는 우리의

믿음은 연약하고 효과가 없을 것입니다.

계속 죄에 대해 설교하는 교회에 출석하고 있다면, 죄의식이 개발되어서 우리 믿음의 활력을 망칠 것입니다.

믿음은 사랑과 마찬가지로 지속적인 고백을 요구합니다.

만일 우리가 지속적으로 서로의 사랑을 확인하지 않는다면, 사랑은 서서히 굳어가서 결국 효력이 없어질 것입니다.

사랑의 지속적인 확인은 반드시 필요한 것입니다.

남편과 아내가 서로를 향해 사랑을 확인하는 것을 중단한다면, 서서히 그러나 분명히 그들은 서로를 향한 친밀한 교제를 잃게 될 것입니다.

믿음에 있어서도 마찬가지입니다.

우리가 확신과 믿음을 끊임없이 확인하면 믿음이 자랍니다.

확인하는 고백

"나는 내게 힘 주시는 그분 안에서 모든 것을 할 수 있습니다."

"하나님께서 내 안의 능력이십니다."

"나는 내 안에 살아있는 하나님의 생명을 가지고 있습니다."

"내가 예수 이름으로 아버지께 구하는 것은 무엇이든지, 아버지께서 내게 주십니다."

"하나님의 힘과 능력이 내 안에 있습니다."

"나는 그분의 지혜를 가지고 있습니다."

"나는 지혜를 달라고 구할 필요가 없습니다. 그 지혜는 이미 나의 것이기 때문입니다."

"나는 믿음을 위해 기도할 필요가 없습니다. 그분의 약속은 파기될 수 없기 때문입니다. 하나님의 말씀은 어느 것도 헛되지 않습니다."눅 1:37

"나는 언제든 아버지의 보좌 앞에 담대히 나와서 그분과 함께 앉을 수 있는 상시 초대장을 가지고 있습니다."

"나는 그분의 신성한 본성에 참여한 자입니다."

"나는 끊임없이 그분의 내주하심을 인식하고 있습니다."

"내 안에 계신 분이 세상의 어떤 것보다 크십니다."

"나는 내 안에 거하는 그분의 사랑의 생명을 가지고 있습니다."

이러한 고백들이 믿는 사람들의 삶 가운데 믿음과 건강과 생명과 힘을 세웁니다.

이러한 고백들은 말씀이며, 말씀에 근거한 것입니다. 감각 지식을 확인하는 것이 결코 아닙니다.

제 18 장

나의 영수증

한번은 어떤 나이든 성도 한 분과 이야기를 나누고 있었습니다. 그녀는 신장 문제로 고통을 겪고 있었고 나는 하나님께서 그 질병을 예수님께 담당시키셨다는 사실을 그녀에게 상기시켜 주었습니다. 나는 그녀에게 이사야 53:4을 읽어주었습니다. "그는 실로 우리의 질고를 지고 우리의 슬픔을 당하였거늘"

그녀는 대답했습니다. "네, 맞아요."

내가 말했습니다. "잘 보세요. 이 구절이 온전한 치유에 대한 당신의 영수증이라는 것을 모르시겠어요? 이것은 마치 당신이 지불하지 못한 청구서를 하나 가지고 있는데, 다른 누군가가 당신에게 건네주는 다 지불되었다는 영수증이에요. 당신이 영수증을 보면서 이미 다 지불되었다는 것을 알게 된 거예요.

그렇다면 당신은 빚으로부터 벗어난 것을 기뻐하겠죠.

아버지께서는 그분께서 이미 지불하신 것을 당신이 알기 원하세요. 당신의 질병을 예수님께 담당시키셔서 그 질병으로 예수님을 아프게 하셨어요. '여호와께서 그에게 상함을 받게 하시기를 원하사(기뻐하사) 질고를 당하게 하셨은즉' 사 53:10

당신이 질병을 가지고 있거나 혹은 질병에 대해 생각하는 것만으로도 그것은 부적절한 것이에요. 이 구절은 당신이 그 질병에서 온전히 치유 받았다는 완불된, 유효한 영수증이에요.

그분의 말씀에 따라서 그가 채찍에 맞음으로 당신은 지금 나았어요.

이제 당신은 그분의 말씀과 모순되는 생각에 기회를 주지 말고 거절해야 해요. 감각이 하는 말들을 받아들이지 말고 거절해야 해요. 당신 등에 통증이 있어도 당신이 치유 받지 못했다는 증거로 받아들이지 말고 거절하세요.

단호하고 평온하게 말하세요. '아버지, 저의 신장의 문제를 예수님께 짐 지워 주셔서 감사합니다. 예수님께서 그 질병으로 아프게 되셔서, 그가 채찍에 맞음으로 내가 나았습니다.'

예수님께서 당신의 질병을 그 몸에 가지시고 나무에 달리셨으니, 이제 걱정도 없고 두려움도 없어요.

그분께서 '징벌을 받아 하나님께 맞으며 고난을 당한 것'은 당신의 질병을 짊어지고 당한 거예요.

'그가 찔림은 우리의 허물 때문이요 그가 상함은 우리의 죄악 때문이라 그가 징계를 받으므로 우리는 평화를 누리고 그가 채찍에 맞으므로 우리는 나음을 받았도다' 이것이 완불된 당신의 영수증이에요.

당신은 대적의 지배에서 구출되었어요. 당신은 자유예요."

그녀가 대답했습니다. "알겠어요."

죄와 질병의 문제는 해결되었다

한번은 예수님께서 실제로 부활하셨다는 것을 증명해 보려고 굉장히 애썼던 적이 있습니다. 예수님께서 자신의 피를 가지고 하늘로 올라가셔서 하늘의 지성소에 그 피를 드렸을 때 재판장이 그 피를 받아들였다는 사실을 증명하고 싶었습니다.

나는 이것이 사실이라는 것을 간절하게 알고 싶었습니다.

만일 이것이 사실이라면, 죄와 질병의 문제는 해결된 것이고, 사탄의 지배도 끝난 것입니다.

만일 예수님께서 하나님의 우편에 앉으셨다면, 질병은 내 영과 혼과 몸에 어떤 것도 주장할 수 없습니다.

"그리스도께서는 장래 좋은 일의 대제사장으로 오사 손으로 짓지 아니한 것 곧 이 창조에 속하지 아니한 더 크고 온전한 장막으로 말미암아 염소와 송아지의 피로 하지 아니하고 오직 자기의 피로 영원한 속죄를 이루사 단번에 성소에 들어가셨느니라" 히 9:11-12

이 구절이 내게 해답이 되었습니다. 그분께서 내 영과 혼과 몸에 영원한 속량이 되셨습니다.

그리스도께서 나의 질병을 짊어지시고 나의 아픔을 담당하셨습니다. 그분께서 채찍에 맞으심으로 내가 나았습니다.

예수님께서 하나님 오른편에 앉으셨다면, 그 사실이 바로 죄 문제와 질병의 문제에 대한 완불된 영수증입니다.

내가 이 사실을 증명하는 구절들을 읽으면서 얼마나 흥분했는지 설명할 길이 없습니다. 나는 "앉으셨다"라고 선언한 성경 구절들을 19개 이상 발견했습니다.

그분은 앉으셨습니다. 이미 나를 자유하게 하셨기 때문에, 공의가 요구하는 모든 것을 만족시키셨기 때문에 그분은 앉으셨습니다. 그분은 대적의 지배를 깨버렸습니다.

"자기를 단번에 제물로 드려 죄를 없이 하시려고" 히 9:26

그분은 의를 유효하게 하셨습니다. 고후 5:21

그분은 영원한 생명을 확실하게 하셨습니다. 요일 5:13

그 말은 신약의 모든 말씀을 예수님께서 직접 뒷받침하신다는 의미입니다. 예수님의 뒤에는 하나님의 보좌가 있습니다. 그 보좌에는 하나님 자신이 계십니다.

"친히 나무에 달려 그 몸으로 우리 죄sins를 담당하셨으니" 벧전 2:24 단지 죄의 문제the sin problem를 해결한 것이 아니었습니다. 범죄들sins의 문제에 대한 해결책이었습니다. 죄의 문제는 우리가 어떤 존재인가 하는 것입니다. 범죄들은 우리가 저지른 것들입니다. 그분께서 우리의 죄를 치워버리셨고 우리의 범죄들을 제하셨습니다.

"이는 우리로 죄에 대하여 죽고 의에 대하여 살게 하려 하심이라"

이는 우리로 의의 영역에서 살게 하려 하심이었습니다. 그것은 우리가 어떤 죄의식이나 열등감 없이 우리 주님과 마찬가지로 아버지의 임재 앞에 서는 것을 의미합니다.

우리는 전능하신 하나님의 아들과 딸이라는, 그분의 가족의 일원이라는, 그분의 친아들과 공동상속자라는 지위를 갖게 되었습니다.

우리가 그 지위를 취하지 않는다면, 그것은 그분의 피가 가진 효력을, 그분의 희생의 실재를, 그분의 속량의 진실성을 부인하는 것입니다.

우리가 그 지위를 차지하는 것이 아버지를 영화롭게 하는 것입니다. 그 아들을 영화롭게 하는 것입니다. 그리스도 예수 안에 있는 새로운 창조를 영화롭게 하는 것입니다.

우리 자신의 위치를 영화롭게 하는 것입니다. 이것이 얼마나 중요한지 파악하고 있는 것은 매우 중요합니다.

"그가 채찍에 맞음으로 너희는 나음을 얻었나니" 이것이 전체 문제의 결론입니다.

죄는 치워졌습니다. 의가 사실입니다.

질병은 과거의 것입니다.

이 구절과 그리스도께서 완성하신 일에 대한 바울의 계시에 따르면, 이제 우리는 더 이상 대적의 지배 아래에 있어서는 절대로 안 됩니다.

우리는 이제 아무 정죄 없는 하나님의 가족 안의 지위를 차지하며, 하나님께 당당히 인정받고, 세상에서 부끄러움 당하지 않는 그리스도인으로서 드러내기 위해서 공부해야 합니다.

"우리가 죽을 때는 어떻게 되나요?" 어떤 사람이 질문했습니다.

우리는 단지 낡아져서 고통 없이 잠드는 것입니다. 우리 주님을 욕되게 하는 끔찍한 질병 없이 말입니다.

우리 생명이 이렇다니! 우리 속량이 이렇다니! 우리 관계가 이렇다니!

제 19 장

믿음에 관한 예수님의 말씀

나는 예수님께서 유대인들에게 믿음을 요구하시는 장면을 보면서 처음에는 예수님께서 왜 그러시는지 이해할 수가 없었지만, 나중에는 알게 되었습니다. 예수님께서는 여호와와의 믿음이 깨어져버린 하나님의 언약 백성들에게 말씀하고 계신 것이었습니다.

마태복음 9:28-30에서 두 사람의 맹인이 치유를 받고자 주님께 나아왔을 때 이렇게 말씀하셨습니다. "내가 능히 이 일 할 줄을 믿느냐? 대답하되 주여 그러하오이다 하니 이에 예수께서 그들의 눈을 만지시며 이르시되 너희 믿음대로 되라 하시니 그 눈들이 밝아진지라"

그분께서는 마르다에게 말씀하셨습니다. "네가 믿으면 하나님의 영광을 보리라"

또 이렇게 말씀하셨습니다. "믿는 자에게는 능히 하지 못할 일이 없느니라"

그들이 믿어야 했던 것은 주님께서 그들의 죄를 위해 죽으시고 그들을 의롭다 하시기 위하여 다시 살아나실 것이라는 것이 아니었습니다. 그분께서 그들의 대속물이 되셔서 그들의 죄를 멀리 치워버리셨다는 것도 아니었습니다. 그분을 개인적인 구원자로 받아들이고 주님으로 고백하면 영생을 얻게 되리라는 것도 아니었습니다.

주님께서 요구하셨던 믿음은 어떤 종류의 믿음이었습니까?

지금 우리가 이해하고 있는 구원하는 믿음은 아니었습니다. "네가 만일 네 입으로 예수를 주로 시인하며 또 하나님께서 그를 죽은 자 가운데서 살리신 것을 네 마음에 믿으면 구원을 받으리라"

예수님께서는 어느 누구에게도 사람들에게 영생을 주는 구원자로 믿으라고 요구한 적이 없으셨습니다.

예수님께서는 그들에게 그분이 하나님의 아들이시며, 치유자이시며, 메시야이신 것을 믿으라고 요구하셨습니다.

우리는 그분을 대속 제물이라고 부르고 있지만, 그들에게는 그렇게 믿으라고 요구하지 않으셨습니다.

언급조차 하신 적이 없었습니다. 그들에게 그분의 부활을 믿으라고 요구하지 않으셨습니다. 아직 죽으시지도 않았고 죽은 자들 가운데서 살아나시지도 않았기 때문입니다.

마가복음 11:20-24은 암시적인 구절들입니다. 그들은 무화과나무가 뿌리부터 마른 것을 보았습니다. 베드로는 주님께서 하신 말씀이 기억났습니다. "보소서 저주하신 무화과나무가 말랐나이다 예수께서 그들에게 대답하여 이르시되 하나님을 믿으라"

그리고 말씀하셨습니다. "내가 진실로 너희에게 이르노니 누구든지 이 산더러 들리어 바다에 던져지라 하며 그 말하는 것이 이루어질 줄 믿고 마음에 의심하지 아니하면 그대로 되리라 그러므로 내가 너희에게 말하노니 무엇이든지 기도하고 구하는 것은 받은 줄로 믿으라 그리하면 너희에게 그대로 되리라"

예수님께서는 교회를 향해서 말씀하고 계신 것이 아닙니다. 첫 언약 아래에 있던 유대인들에게 말씀하고 계신 것입니다. 물론 지금 우리에게도 적용되기는 하지만 말입니다.

예수님께서는 그들에게 당신을 믿으라고 요구하고 계십니다.

그들은 예수님을 그냥 한 사람으로 보았습니다. 그들은 그분의 기적들을 보았습니다. 그분께서는 무리를 먹이셨습니다. 물을 포도주로 만드셨습니다. 바다 위를 걸으셨습니다. 바람과 파도를 다스리셨습니다. 죽은 자들을 살리셨습니다.

요한복음 6:30에서 유대인들이 예수님께 말합니다. "우리가 보고 당신을 믿도록 행하시는 표적이 무엇이니이까, 하시는 일이 무엇이니이까?"

그들의 믿음은 감각지식의 믿음이었습니다. 그들은 보고 듣는 것을 믿었습니다.

요한복음 20:24-29은 도마의 불신앙 이야기입니다.

"도마가 이르되 내가 그의 손의 못 자국을 보며 내 손가락을 그 못 자국에 넣으며 내 손을 그 옆구리에 넣어 보지 않고는 믿지 아니하겠노라"

여드레를 지나서 예수님께서 갑자기 도마에게 나타나셔서 말씀하셨습니다. "네 손가락을 이리 내밀어 내 손을 보고 네 손을 내밀어 옆구리에 넣어 보라 그리하여 믿음 없는 자가 되지 말고 믿는 자가 되라"

예수님께서는 도마의 죄를 없애셨기 때문에 그에게 그분의 부활을 믿으라고 요구하신 것이 아니었습니다. 그분께서는 그의 감각지식의 믿음을 도전해서 실제로 그분을 믿으라고 하셨던 것입니다.

도마의 믿음은 감각에 있었습니다. 그의 믿음은 그가 보고 느끼고 듣는 것에 있었습니다.

당시 예수님과 동행했던 사람 중 어느 누구도 로마서에서 바울이 말했던 그런 믿음을 가졌던 사람은 아무도 없었다는 것을 이해할 수 있을 것입니다.

예수님께서는 어느 누구에게도 자신에 대해 죽으시고 그들을 의롭다 하시기 위하여 부활하실 구원자로 믿으라고 요구하신 적이 결코 없었습니다.

요한복음 11:27에서 마르다가 예수님께 말했습니다. "주는 그리스도시요 세상에 오시는 하나님의 아들이신 줄 내가 믿나이다"

이것은 구원의 고백이 아닙니다.

마르다가 죄로부터의 구원을 고백했다면 이렇게 했어야 합니다. "예, 주님 저는 주님께서 하나님의 아들이심을 믿습니다. 주님께서 저의 죄를 위하여 죽으시고 저를 의롭다 하시기 위하여 다시 살아나실 것을 믿습니다."

"그들은 성경에 그가 죽은 자 가운데서 다시 살아나야 하리라 하신 말씀을 아직 알지 못하더라" 요 20:9

예수님께서 죽은 자들 가운데서 다시 살아나신 후에 어느 누구도 그분을 죄로부터의 구원자로, 영생을 주시는 분으로, 새로운 탄생의 창시자로 믿는다고 표현하지 않았습니다.

그들은 예수님께서 죽은 자들 가운데서 다시 살아나신 것은 믿었습니다.

그리스도에 대한 이러한 지식을 갖기에 앞서 대속물이 되신 그리스도에 관한 바울의 계시가 먼저 와서 새로운 피조물에 관한 지식을 알았어야 했습니다.

예수님께서 말씀하셨습니다. "그러나 진리의 성령이 오시면 그가 너희를 모든 진리 가운데로 인도하시리니 그가 스스로 말하지 않고 오직 들은 것을 말하며 장래 일을 너희에게 알리시리라 그가 내 영광을 나타내리니 내 것을 가지고 너희에게 알리시겠음이라"

이 말씀은 예수님께서 지상에서 가르치셨던 것 외에도 예수님과 아버지에 관한 계시가 존재했음을 나타내고 있습니다.

그 계시는 사도 바울에게 임했습니다.

로마서의 처음 열 장에서 이 기초를 발견할 수 있습니다.

거기서 예수님을 믿는 사람들에게 주시는 하나님의 의를 드러내고 있습니다.

의는 예수님께서 이 땅에서 그러하셨던 것처럼 모든 죄의식으로부터 해방되어 하나님의 임재 앞에 설 수 있는 능력을 의미합니다.

예수님의 가르침에서는 이에 관한 어떤 실마리도 없었습니다.

바울의 가르침

이스라엘의 믿음은 전부 미래시제였습니다.

우리의 믿음은 그 뿌리를 그리스도 안에서 우리를 위해

하나님께서 행하신 과거에 두고 있습니다. 아브라함은 약속을 보았지만 결코 의문을 품거나 의심하지 않았습니다.

우리는 신약을 보며 우리의 속량이, 우리의 치유가, 우리를 향한 아버지의 돌보심이 사실이라는 것을 발견합니다. 이것은 마치 아브라함이 믿음으로 견고해져서 하나님께 영광을 돌린 것과 마찬가지입니다.

우리가 하나님의 자녀로서 행동해야 할 지침이 되는 몇 가지 사실들을 소개하겠습니다.

"찬송하리로다 하나님 곧 우리 주 예수 그리스도의 아버지께서 그리스도 안에서 하늘에 속한 모든 신령한 복을 우리에게 주시되"엡 1:3

이 뜻은 우리가 예수 그리스도를 우리의 구원자로 영접하고 주님으로 고백한 그 순간, 하나님께서 그리스도 안에서 행하신 모든 것이 우리의 것이 되었다는 의미입니다.

오늘날에도 마찬가지로 예수님은 하나님께서 세상에 주신 분이십니다. 하나님께서 요한복음 3:16에 이렇게 말씀하셨습니다. "하나님이 세상을 이처럼 사랑하사 독생자를 주셨으니 이는 그를 믿는 자마다 멸망하지 않고 영생을 얻게 하려 하심이라"

하나님께서 예수님을 세상에 주셨습니다. 구원받지 못한 사람들은 예수님을 구원자로 보내달라고 요청할 필요가 없습니다. 예수님은 구원받지 못한 사람들에게 주신 분입니다.

아버지께서는 절대로 주신 선물을 다시 돌려받지 않으십니다. 그 선물은 오늘도 그 선물이 주어진 사람에게 속한 것입니다.

당신이 그 선물을 받았을 때, 예수님께서 당신을 위해 하신 모든 것들이 당신 것이 됩니다.

이 사실을 받아들이기가 참 어려웠습니다.

우리는 이런 것들을 얻으려면 기도하고 몸부림치며 울부짖어야만 한다고 배웠기 때문입니다.

그러나 그것들은 우리 것입니다.

교회에 성령을 보내주셨습니다.

"너희가 악할지라도 좋은 것을 자식에게 줄 줄 알거든 하물며 너희 하늘 아버지께서 구하는 자에게 성령을 주시지 않겠느냐 하시니라" 눅 11:13

당신이 거듭난 그 순간, 구하기만 하면 성령님이 당신에게 임하십니다.

영생은 죄인들에게 주시는 것입니다.

예수 그리스도를 영접하는 순간 그는 영생을 얻습니다.

"너희는 그 은혜에 의하여 믿음으로 말미암아 구원을 받았으니 이것은 너희에게서 난 것이 아니요 하나님의 선물이라"

그것은 선물입니다. "우리는 그리스도 예수 안에서 그가 만드신 바라"

언제 우리가 그리스도 예수 안에서 만들어졌습니까? 예수님께서 부활하시기 전 삼 일 낮과 삼 일 밤 동안이었습니다.

언제 우리가 의롭다 하심을 얻었습니까? "예수는 우리가 범죄한 것 때문에 내줌이 되고 또한 우리를 의롭다 하시기 위하여 살아나셨느니라"

의는 선물입니다. 구원은 선물입니다. 우리가 얻어내야 하는 것이 아닙니다.

하나님께서 바울에게 주신 계시 가운데, 하나님께서는 죄인이 그리스도 안에서 그를 위해 하신 것을 믿어야 한다고 요구하셨습니다.

죄인은 예수님께서 그의 범죄함 때문에 죽으셨고 죽은 자들 가운데서 살아나셨다는 것을 믿어야만 합니다.

바울의 계시에 따르면, 당신이 믿은 후에는 더 이상 믿음은 문제가 되지 않는 것이 분명합니다. 모든 것이 당신 것이 되었기 때문입니다.

이미 당신의 소유인 것을 얻기 위해 믿음을 훈련할 필요는 없습니다. 단지 그것들이 이미 당신에게 속한 것임을 아는 것이 필요할 뿐입니다.

요약

당신은 이 책을 다 읽었습니다. 어떤 반응을 보이고 있습니까?

많은 내용들이 당신에게 새로웠을 것입니다.

어떤 것들은 당신을 혼란스럽게 했을지도 모릅니다. 전에 들어왔던 것들과 전혀 다른 이야기들이었을 수도 있습니다.

그러나 당신의 심령은 이것이 진리임을 알고 있습니다.

이제 당신은 이 사실을 가지고 무엇을 할 것입니까?

교회는 절망적인 상황에 있습니다.

믿는 사람들 가운데 활력 있고 살아있는 믿음을 찾아볼 수가 없습니다.

아버지와 예수님과 성령님과 말씀을 실재가 되게 하는 이 영광스런 진리를 전파하는 일에 동참하지 않겠습니까?

당신의 교회 학교 교사에게 이 내용을 읽어주라고 부탁해 보십시오.

친구들을 초청해서 함께 읽고 의견을 나누어 보십시오.

당신이 섬기는 목사님과 당신이 사는 지역의 성경 교사들이 모두 이 책을 갖도록 해 보십시오.

당신의 소식을 듣고 싶습니다!

우리의 다른 책들도 읽어 보십시오. 많은 도움이 될 것입니다.

제안

말씀을 믿는 믿음과 감각을 믿는 믿음의 차이를 알게 되었을 것입니다.

여전히 감각 속에서만 살아가고 있는 사람들을 향해 당신은 어떤 책임감을 느끼고 있습니까? 그들은 오직 말씀을 믿는 믿음으로만 실현되는 것들을 얻으려고 애쓰고 힘쓰고 있습니다.

"하지만 제가 어떻게 그들을 도울 수 있죠?" 하고 반문할지도 모르겠습니다. 이 책을 다른 사람들과 돌려 볼 수도 있고, 사람들과 독서 모임을 만들 수도 있습니다. 그러면서 이 책들을 통해 사람들에게 하나님께서 하실 수 있는 것들을 말해줄 수 있습니다.

이 책의 저자가 쓴 다른 책들을 아직 읽어본 적이 없다면 꼭 읽도록 하십시오.

당신도 이 위대한 사역에 동참하고 싶어 할 것입니다. 직접 수업을 조직하는 것이 불편하게 느껴진다면, 책을 판매하는 것도 주님께서 기뻐하시는 일일 것입니다.

우리는 우리 책을 읽고 도움을 받는 독자들의 도움으로 이 책을 세상에 전달하고 있습니다.

믿음의말씀사 출판물

구입문의 : 031-8005-5483 http://faithbook.kr

■ 케네스 해긴의 「믿음 도서관」 책들
- 새로운 탄생
- 재정 분야의 순종
- 나는 지옥에 갔다 왔습니다
- 하나님의 처방약
- 더 좋은 언약
- 예수의 보배로운 피
- 하나님을 탓하지 마십시오
- 네 주장을 변론하라
- 셀 모임에서 성령인도 받기
- 안수
- 치유를 유지하는 법
- 사랑은 결코 실패하지 않습니다
- 하나님께서 내게 가르쳐 주신 형통의 계시
- 왜 능력 아래 쓰러지는가?
- 다가오는 회복
- 잊어버리는 법을 배우기
- 위대한 세 단어
- 하나님의 은사와 부르심
- 그 이름은 "놀라우신 분"
- 우리에게 속한 것을 알기
- 성령을 받는 성경적인 방법
- 하나님의 영광
- 은혜 안에서의 성장을 방해하는 다섯 가지
- 사랑 가운데 걷는 법
- 바울의 계시: 화해의 복음
- 당신은 당신이 말하는 것을 가질 수 있습니다
- 그리스도 안에서
- 말
- 방언기도의 능력을 풀어 놓으라
- 옳은 사고방식 틀린 사고방식
- 속량 – 가난, 질병, 영적 죽음에서 값 주고 되사다
- 네 염려를 주께 맡겨라
- 예언을 분별하는 일곱 단계
- 절망적인 상황을 반전시키기
- 당신의 믿음을 풀어 놓는 법
- 진짜 믿음
- 믿음이란 무엇인가
- 그리스도께서 지금 하고 계시는 일
- 충분하고도 넘치는 하나님 엘 샤다이
- 금식에 관한 상식
- 하나님의 말씀 : 모든 것을 고치는 치료제
- 가족을 섬기는 법
- 조에
- 당신이 알아야 하는 신유에 관한 일곱 가지 원리
- 여성에 관한 질문들
- 인간의 세 가지 본성
- 몸의 치유와 속죄
- 크게 성장하는 믿음
- 하나님 가족의 특권

- 기도의 기술
- 나는 환상을 믿습니다
- 병을 고치는 하나님의 말씀
- 영적 성장
- 신선한 기름부음
- 믿음이 흔들리고 패배한 것 같을 때 승리를 얻는 법
- 믿음의 선한 싸움을 싸우는 법
- 하나님의 계획과 목적과 추구
- 예수 열린 문
- 믿음의 계단
- 당신을 향한 하나님의 계획
- 역사하는 기도
- 기름부음의 이해
- 내주하시는 성령 임하시는 성령
- 재정적인 번영에 대한 성경적 열쇠들
- 어떻게 하나님의 영으로 인도받을 수 있는가?
- 마이더스 터치
- 치유의 기름부음
- 그리스도의 선물
- 방언
- 믿는 자의 권세(생애기념판)
- 믿음의 양식
- 승리하는 교회

■ E. W. 케년
- 십자가에서 보좌까지 무슨 일이 일어났는가?
- 두 가지 의
- 놀라우신 그 이름 예수
- 하나님 아버지와 그분의 가족
- 나의 신분증
- 두 가지 생명
- 새로운 종류의 사랑
- 그분의 임재 안에서
- 속량의 관점에서 본 성경
- 두 가지 지식
- 피의 언약
- 숨은 사람
- 두 가지 믿음
- 새로운 피조물의 실재

■ 스미스 위글스워스
- 스미스 위글스워스의 천국
- 스미스 위글스워스의 매일묵상
- 위글스워스는 이렇게 했다
- 스미스 위글스워스의 능력의 비밀

■ T. L. 오스본
- 행동하는 신자들
- 기적 – 하나님 사랑의 증거
- 새롭게 시작하는 기적 인생

- 좋은 인생
- 성경적인 치유
- 능력으로 역사하는 메시지
- 100개의 신유 진리
- 24 기도 원리 7 기도 우선순위
- 하나님의 큰 그림
- 긍정적 욕망의 힘
- 당신은 하나님의 최고의 작품입니다

■ 잔 오스틴
- 믿음의 말씀 고백기도집
- 하나님의 사랑의 흐름
- 견고한 진 무너뜨리기
- 초자연적인 흐름을 따르는 법
- 당신의 운명을 바꿀 수 있습니다
- 어떻게 하나님의 능력을 풀어놓을 수 있는가?

■ 크리스 오야킬로메
- 여기서 머물지 말라
- 이제 당신이 거듭났으니
- 당신의 인생을 재창조하라
- 이 마차에 함께 타라
- 그리스도 안에 있는 당신의 권리
- 성령님과 당신
- 성령님이 당신 안에서 행하실 일곱 가지
- 성령님이 당신을 위해 행하실 일곱 가지
- 기적을 받고 유지하는 법
- 하나님께서 당신을 방문하실 때
- 올바른 방식으로 기도하기
- 당신의 믿음을 역사하게 하는 법
- 끝없이 샘솟는 기쁨
- 기름과 겉옷
- 약속의 땅
- 하나님의 일곱 영
- 예언
- 시온의 문
- 하늘에서 온 치유
- 효과적으로 기도하는 법
- 어떤 질병도 없이
- 주제별 말씀의 실재
- 마음의 능력

■ 앤드류 워맥
- 당신은 이미 가졌습니다
- 은혜와 믿음의 균형 안에 사는 삶
- 하나님의 참 본성
- 하나님은 당신이 건강하기 원하십니다
- 영 · 혼 · 몸
- 전쟁은 끝났습니다
- 믿는 자의 권세
- 새로운 당신과 성령님
- 노력 없이 오는 변화
- 하나님의 충만함 안에 거하는 열쇠
- 더 좋은 기도 방법 한 가지
- 재정의 청지기 직분

- 하나님을 제한하지 마라
- 하나님의 뜻을 발견하고 따라가며 성취하라
- 하나님의 참 본성
- 하나님의 최선 안에 사는 법
- 더 큰 은혜 더 큰 은총
- 리더십의 10가지 핵심요소

■ 기타 「믿음의 말씀」 설교자들
- 성령의 삶 능력의 삶
- 복을 취하는 법
- 주는 자에게 복이 되는 선물
- 믿음으로 사는 삶
- 붉은 줄의 기적
- 당신이 말한 대로 얻게 됩니다
- 예수-치유의 길 건강의 능력
- 성령 안의 내 능력
- 존 G. 레이크의 치유
- 믿음과 고백
- 임재 중심 교회
- 성령충만한 그리스도인의 지침서
- 열정과 끈기
- 제자 만들기
- 어떻게 교회를 배가하는가
- 운명
- 모든 사람을 위한 치유
- 회복된 통치권
- 그렇지 않습니다
- 당신의 자녀를 리더로 훈련하라
- 오순절 운동을 일으킨 하나님의 바람
- 주일 예배를 넘어서
- 신약교회를 찾아서
- 내가 올 때까지
- 매일의 불씨
- 여성의 건강한 자아상

■ 김진호 · 최순애
- 왕과 제사장
- 새로운 피조물의 실재
- 믿음의 반석
- 새 언약의 기도
- 새로운 피조물 고백기도집(한글판/한영대조판)
- 성령 인도
- 복음의 신조
- 존중하는 삶
- 성경의 세 가지 접근
- 말씀 묵상과 고백
- 그리스도의 교리
- 영혼 구원
- 새로운 피조물
- 믿음의 말씀 운동의 뿌리
- 1인 기업가 마인드
- 내 양을 치라
- 새사람을 입으라